BEETHOVEN ET VIENNE

DU MÊME AUTEUR

Joseph Haydn, Seghers, 1964.
Jean Sibelius, Seghers, 1965.
Gustav Mahler, Éditions du Seuil, 1966.
Joseph Haydn, Fayard, 1988.
Les Fils Bach, Fayard, 1997.
Joseph Haydn : autobiographie et premières biographies,
    Flammarion, 1997.
Haydn et Mozart, Fayard/Mirare, 2001.
Muzio Clementi, Fayard/Mirare, 2003.
Jean Sibelius, Fayard, 2004.

Marc Vignal

Beethoven et Vienne

Fayard

Introduction

Dans les jours qui précédèrent le départ de Beethoven, âgé de bientôt vingt-deux ans, de Bonn pour Vienne, vers le 1er novembre 1792, ses amis et connaissances portèrent sur son album un total de quinze inscriptions dont on ne cite en général que la onzième, trois vers de l'écrivain Johann Gottfried Herder (1744-1803) sur l'amitié recopiés par Lorchen von Breuning, et surtout la huitième, due au comte Waldstein (1762-1823) : « Cher Beethoven ! Vous allez maintenant à Vienne réaliser des souhaits depuis longtemps exprimés. Le génie de Mozart est encore en deuil et pleure la mort de son disciple. En l'inépuisable Haydn, il a trouvé un refuge, mais non une occupation ; par lui, il désire encore une fois s'unir à quelqu'un. Par une application incessante, recevez l'esprit de Mozart des mains de Haydn. Bonn, le 29 octobre 1792. Votre véritable ami, Waldstein. » Ce document au contenu contestable – c'est plutôt son propre esprit, concis et nerveux, que Haydn transmit à Beethoven – est le plus ancien citant d'un seul souffle les trois noms de Haydn (1732-1809), Mozart (1756-1791) et Beethoven. À noter cependant que le comte Waldstein, s'il reçut en 1805 la dédicace de la sonate en *ut* majeur n° 21 opus 53 de Beethoven, ne joua après cette date pratiquement aucun rôle dans la carrière de ce dernier à Vienne.

Beethoven avait effectué un premier séjour à Vienne cinq ans et demi auparavant, grâce à un congé octroyé par son patron Maximilian Franz (1756-1801), prince électeur de Cologne et plus jeune frère de l'empereur Joseph II (1741-1790). Il n'avait alors séjourné dans la ville que moins de deux semaines, du 7 au 20 avril 1787 environ, et au début de mai était de retour à Bonn, à temps pour y voir mourir sa mère le 17 juillet. À Vienne, il avait brièvement rencontré Mozart. Cette rencontre devait donner lieu au XIXe siècle à des « comptes rendus » plus ou moins contradictoires de la part d'Anton Schindler* (1798-1864), Ferdinand Ries* (1784-1838) et d'autres anciens « amis » de l'auteur de *Fidelio*. Dans sa biographie de Mozart, Otto Jahn* (1813-1869)

* Les noms propres suivis d'un astérisque font l'objet d'une notice biographique, pages 109 et suivantes.

écrivit par exemple, en se fondant sur un récit non exempt d'erreurs flagrantes du compositeur et chef d'orchestre Ignaz von Seyfried* (1776-1841) : «Beethoven […] fut emmené chez Mozart, et à sa demande lui joua quelque chose dont ce dernier, croyant que c'était une pièce de virtuosité préparée pour l'occasion, fit un éloge plutôt froid. S'en étant aperçu, Beethoven demanda à Mozart de lui proposer un thème sur lequel improviser. […] Il joua de façon telle que Mozart, dont l'attention et l'intérêt allaient croissant, finit par se diriger en silence vers des amis assis dans la pièce voisine et leur dit vivement : *Faites attention à celui-là, un jour il fera parler de lui dans le monde.*» Mettre de telles paroles dans la bouche de Mozart plus d'un demi-siècle après l'événement n'avait rien que de très banal ! D'autres jeunes prodiges, parmi lesquels probablement son élève Johann Nepomuk Hummel* (1778-1837), reçurent certainement de Mozart des compliments analogues. Après la mort de Mozart en 1791, alors qu'il était de plus en plus de bon ton de se réclamer de Beethoven, ni sa veuve Constance (1762-1842), ni sa sœur Nannerl (1751-1829), ni son second fils Franz Xaver Wolfgang (1791-1844), ne firent la moindre mention de la visite d'un «extraordinaire jeune homme venu de Bonn».

Les œuvres composés par Beethoven à Bonn, durant sa première période créatrice, avant son départ définitif pour Vienne, s'étaient inscrites en gros dans deux sous-périodes (1782-1785 et 1790-1792) entre lesquelles il n'y avait eu pratiquement rien. Elles montrent, celles de 1790-1792 surtout, que Beethoven à Bonn était moins intéressant comme compositeur d'œuvres instrumentales de « style sonate » que dans d'autres genres : variations, lieder, grandes pages vocales avec orchestre. Étant donné sa production ultérieure, une telle conclusion peut surprendre. Mais le « style sonate » sous son aspect le plus « avancé » était largement une spécialité viennoise. Il s'était épanoui à Vienne grâce aux personnalités et à l'exemple de Haydn et Mozart, mais aussi à la solidité et à la variété de la tradition musicale dans cette capitale. Les œuvres composées à Bonn dans le « style sonate » – les trois *Kurfürstensonaten* (Sonates au prince-électeur) WoO 47 de 1782-1783, les trois quatuors avec piano WoO 36 de 1785 – montrent bien l'importance et la justesse de la décision prise par Beethoven de retourner à Vienne à la fin de 1792, et le rôle essentiel joué par cette capitale dans le développement de sa personnalité musicale. En 1792, Mozart étant mort, nul au monde ne parvenait à la cheville de Haydn pour le maniement du « style sonate ». Beethoven ne l'ignorait pas.

et le fait de se rendre à Vienne auprès de lui, et non ailleurs, fut de sa part un choix délibéré qui devait se révéler le bon. Vienne était en outre le meilleur endroit au monde pour se frayer un chemin vers le haut grâce à la protection et au mécénat de l'aristocratie. La vie musicale de Bonn était relativement développée pour une ville de 10 000 habitants, mais elle était loin d'atteindre l'ampleur et la diversité de celle de Vienne, qui en comptait 200 000.

Les débuts

Cette fois, Beethoven réussit pleinement la conquête d'une capitale qui, pour des raisons en partie indépendantes de sa volonté mais qui, avec le recul, semblent avoir été inscrites dans les astres, devait rester jusqu'à sa mort son unique port d'attache.

Les leçons avec Haydn

Couvrant les dernières semaines de 1792 et la plus grande partie de 1793, ces leçons ont fait couler beaucoup d'encre, et suscité nombre de malentendus et de jugements hâtifs. Le document le plus cité – intéressant, mais sujet à caution et fantaisiste quant aux dates – est l'autobiographie du compositeur et pédagogue Johann Baptist Schenk* (1753-1836), rédigée en 1830 à la demande du collectionneur viennois

Aloys Fuchs* (1799-1854) et publiée dans une version condensée et modifiée en 1837, un an après la mort de son auteur et dix ans après celle de Beethoven. Non sans se donner plus d'une fois le beau rôle, Schenk y affirme essentiellement avoir lui aussi, pour combler la lenteur et les lacunes de l'enseignement de Haydn, donné des leçons à un Beethoven ignorant toujours « les règles les plus élémentaires du contrepoint » et entre les mains duquel il aurait remis « le célèbre et vénérable [traité de contrepoint] *Gradus ad Parnassum* » de Johann Joseph Fux* (1660-1741). Schenk eut toutefois la bonté d'excuser la « négligence » de Haydn en faisant remarquer que ce dernier, « absorbé par [ses] glorieuses tâches, pouvait difficilement enseigner la grammaire musicale ». Il termina ainsi son récit : « Mon intention première avait été de ne traiter que très brièvement de mes relations avec Beethoven, mais les circonstances ci-dessus, qui ont fait de moi son mentor en matière de composition musicale [*sic*], m'ont obligé à les expliquer avec plus de détails. Pour ma peine (si l'on peut parler de peine), j'ai reçu de mon bon Louis un précieux cadeau : le lien solide de l'amitié, qui s'est tenu intact jusqu'à sa mort. » On comprend que vers 1830, Schenk se soit à tort ou à raison prévalu de l'amitié du défunt Beethoven, mais on ne saurait déduire de sa dernière phrase qu'il lui ait donné ses leçons gratuitement.

Dans ses *Beethovens Studien* (1873), le musicologue Gustav Nottebohm* (1817-1882) se pencha sur le problème des études à Vienne de l'auteur des neuf symphonies. Comme Schenk avant lui, il découvrit, en examinant les devoirs de contrepoint de Beethoven, de nombreuses fautes non corrigées par Haydn, et en conclut notamment que comme professeur de contrepoint, Haydn s'était montré « inconséquent, négligent et hâtif ». Il alla jusqu'à ajouter : « Haydn ne connaissait pas à fond les règles du contrepoint strict. » Effectivement, sur deux cent quarante-cinq exercices de Beethoven inventoriés par Nottebohm, quarante-deux seulement portent des corrections de la main de Haydn. Mais ces chiffres n'épuisent pas la question. Ils ignorent d'éventuelles remarques orales de Haydn et, surtout, ils concernent un document dont tout indique qu'il s'agit d'une copie « au propre » d'exercices quant à eux disparus et qui sans doute portaient des corrections plus nombreuses. Sans entrer dans les détails, disons que si l'accusation de hâte et de négligence portée par Nottebohm contre Haydn reste en gros valable, celle d'inconséquence et celle d'ignorance ne tiennent pas. Si l'attention de Haydn – qui certainement mit lui aussi, et de toute façon bien avant Schenk, le *Gradus ad Parnassum* de Fux entre les mains de Beethoven – se limitait à certains types de problèmes, il traitait ces problèmes, parmi lesquels la répartition et la conduite des voix, de façon très systématique. Ce à quoi il convient d'ajouter que les études dans le style sévère entreprises par Beethoven avec Haydn en 1792-1793 n'avaient rien à voir, ni par la substance ni par l'esprit, avec la matière purement académique enseignée dans les époques ultérieures.

Il ne faut surtout pas, deux siècles plus tard, considérer ces questions à la légère. L'imagerie traditionnelle présentée aux mélomanes est celle d'un Beethoven soucieux de se débarrasser des « vieilles règles » et supportant difficilement d'entendre Haydn lui réciter mécaniquement le *Gradus*. Or c'est exactement le contraire qui se produisit. Quitte à mettre provisoirement en veilleuse ses propres facultés créatrices, Beethoven souhaitait pour le moment se soumettre au régime le plus strict et maîtriser ces fameuses règles, afin de mieux les transcender à terme. « Encore six mois de contrepoint, et il pourra travailler à ce qu'il veut », écrivit-il en 1793 à propos de lui-même sur un feuillet d'esquisses. Lors de son second départ pour Londres en janvier 1794,

Haydn confia Beethoven à celui qui était vraiment l'homme de la situation : le compositeur, pédagogue et théoricien Johann Georg Albrechtsberger* (1736-1809), qui venait de publier ses deux traités principaux : *Gründliche Anweisung zur Komposition* (Méthode fondamentale de composition, 1790) et *Kurzgefasste Methode, den Generalbass zu erlernen* (Méthode rapide d'apprentissage de la basse continue, 1792). Beethoven, un de ses nombreux élèves, se réjouit sûrement de pouvoir échanger la démarche historico-critique de Haydn contre celle, résolument méthodique, d'Albrechtsberger. Pendant un peu plus d'un an, jusque dans les premiers mois de 1795, et souvent au rythme de trois fois par semaine, Beethoven étudia très sérieusement avec Albrechtsberger le contrepoint, mais aussi la fugue, qu'il n'avait pas abordée avec Haydn. Pour Haydn, la fugue n'était pas réductible au style sévère, alors que pour Albrechtsberger, les exercices de fugue prolongeaient directement, sous un angle plutôt restrictif, les exercices de contrepoint. Quelques années plus tard, un contemporain devait qualifier Albrechtsberger de « fugue ambulante ». Il s'ensuivit qu'après son enthousiasme initial, l'intérêt de Beethoven pour les leçons d'Albrechtsberger faiblit très nettement. Mais il ne se plaignit jamais, comme on l'a laissé entendre, d'avoir dû se livrer, sous la tutelle d'Albrechtsberger, à la confection de « squelettes musicaux » : il n'utilisa cette expression que trente ans plus tard, dans une lettre de 1825, et dans un tout autre contexte ! Et de novembre 1816 à avril 1817, il donna gratuitement, en témoignage de reconnaissance, des leçons de basse contenue au jeune Carl Friedrich Hirsch (1801-1881), un petit-fils d'Albrechtsberger.

· Quant à Haydn, sa principale fonction ne fut pas (et ne pouvait être) d'enseigner le contrepoint strict à Beethoven. En revanche, Beethoven apprit de Haydn, comme nul autre (pas même Mozart) avant lui, les principes du style sonate, le traitement des forces tonales, comment créer des contrastes dynamiques ou émotionnels sans sacrifier pour autant l'unité artistique, le développement thématique, la structuration harmonique, bref tout l'éventail des idées et des techniques musicales du « classicisme viennois » à son apogée. Rien ne dit que Haydn lui ait enseigné formellement ces matières. Ce n'était au demeurant pas nécessaire, car Beethoven fit de Haydn son modèle musical. Sa présence et son exemple valaient toutes les leçons du monde. Et de fait, tout en prenant avec lui ses leçons de contrepoint, Beethoven plongea ses regards assez loin dans l'atelier de Haydn compositeur. Il assista de près à la genèse des six quatuors à cordes opus 71/74 et de la symphonie en *mi* bémol majeur n° 99, que Haydn était en train d'écrire en vue de son second séjour en Angleterre, et éprouva sans doute un sentiment de frustration dû à l'incapacité où il se trouvait encore de composer lui-même de tels ouvrages. Les difficultés que rencontrèrent Haydn et Beethoven dans leurs relations personnelles, et qui d'ailleurs se manifestèrent moins à l'époque des leçons qu'ultérieurement, vers 1800 surtout, provinrent notamment du fait que le premier apprit du second non trop peu, mais plutôt trop, plus en tout cas qu'il ne voulait et pouvait le reconnaître. Et lorsqu'à partir de 1794-1795, il travailla sérieusement à de nouvelles œuvres, le sentiment de frustration dont il vient d'être question se transforma pour Beethoven en problème bien concret : comment absorber l'impact des grandes partitions instrumentales de Haydn, qui au demeurant était loin d'avoir dit en la matière son dernier mot, tout en manifestant son indépendance vis-à-vis d'elles. Haydn de son côté comprit vite, au plus tard à son second retour de Londres vers le 1er septembre 1795, qu'avec Beethoven il n'avait pas affaire à un second Ignaz Pleyel*, mais à une personnalité créatrice aussi puissante que la sienne. Dans une lettre au prince électeur de Cologne datée du 23 novembre 1793, alors que les leçons touchaient à leur fin, il écrivit qu'à son avis, Beethoven était « appelé à devenir un jour l'un des premiers compositeurs européens », ajoutant : « Je serai fier alors de me présenter comme son maître. » Modeste, Beethoven ajouta un post-scriptum exprimant son souci de conserver le soutien financier de Maximilian Franz et ses craintes de voir considérer par celui qui était toujours son « patron » les cinq œuvres envoyées par l'intermédiaire de Haydn, et dont certaines n'étaient pas nouvelles, comme une maigre moisson après une année d'études.

En tant que compositeurs en activité, et non sans entrer parfois en rivalité, Haydn et Beethoven coexistèrent à Vienne jusqu'en 1803, date à laquelle la maladie réduisit Haydn au silence. Les forces concentrées de ce qu'à tort ou à raison on appelle le « classicisme viennois », le vieux Haydn et le jeune Beethoven, séparément et ensemble, sans personne autour d'eux sinon le fantôme de Mozart, les portèrent alors à bout de bras. Le premier les transmit au second, avec comme résultat à la fois une profonde continuité et une profonde rupture, inextricablement liées l'une à l'autre, et que ressentirent violemment aussi bien les deux intéressés, compositeurs de même type, que les contemporains. C'est pourquoi il est vain de se demander, comme on le fait trop souvent, quand ou avec quelles œuvres Beethoven «prit congé» de Haydn : de la façon la plus dialectique qui soit, il prit congé dès le début, affirmant avec force sa personnalité dès ses premières œuvres viennoises, et ne prit jamais congé, écrivant jusqu'à la fin de sa carrière des œuvres aussi «révolutionnaires» qu'on voudra, mais descendant en droite ligne de Haydn. C'est pourquoi également cette passation de pouvoirs, survenue en pleine Révolution française, a toujours tant échauffé les esprits et fait couler tant d'encre. Dans une lettre du 25 avril 1827 à l'archéologue dresdois Karl August Böttiger, le pédagogue et diplomate Georg August Griesinger* (1769-1845) écrivit à propos de Beethoven, mort un mois auparavant : «Son puissant génie l'a poussé en avant ! C'est à ce don de la nature qu'il fut redevable de presque tout, et non aux leçons avec Haydn, qu'il évoquait parfois en souriant. » Deux ans plus tard, l'éditeur londonien Vincent Novello* (1781-1861) et son épouse Mary rencontrèrent à Vienne d'anciennes connaissances de Haydn, Mozart et Beethoven, parmi lesquelles Johann Andreas Streicher* et l'abbé Maximilian Stadler* (1748-1833). En juin 1829, Mary Novello nota dans son journal : «Beethoven est considéré par M. [Johann Andreas] Streicher [1761-1833] comme très ingrat, il fut l'élève de Haydn et d'Albrechtsberger et ne voulut

jamais le reconnaître, ni en écrits ni en paroles. »
Au fond de lui-même, Beethoven n'aurait souscrit entièrement à aucune de ces deux déclara-
tions, tout en reconnaissant volontiers à chacune
sa part de vérité.

LES TROIS TRIOS AVEC PIANO OPUS I

Il s'agit de la première production de Beethoven jugée par lui digne d'un numéro d'opus.
Chez Ries, on peut lire :

Les trois trios qui forment la première œuvre de
Beethoven furent donnés pour la première fois [...]
à une soirée chez le prince Lichnowsky. La plupart
des artistes et des amateurs de Vienne avaient été
invités, et particulièrement Haydn, sur le jugement
duquel tout se réglait. Les trios furent joués et
firent sur-le-champ une impression extraordinaire.
Haydn lui-même en dit beaucoup de bien, mais il
conseilla à Beethoven de ne pas publier celui en *ut*
mineur. Cela étonna beaucoup Beethoven, car il
regardait ce trio comme le meilleur des trois ; c'est
ainsi également qu'on le regarde encore aujour-
d'hui, c'est celui qui produit le plus d'effet. Aussi
ce langage de Haydn fit-il sur Beethoven une mau-
vaise impression et lui laissa l'idée que Haydn était
envieux, jaloux, et ne lui voulait pas de bien. Je dois
avouer que, quand Beethoven me raconta ce fait,

j'y ai ajouté peu de foi. Je profitai d'une occasion pour questionner Haydn à ce sujet. Mais sa réponse confirma le langage de Beethoven, car il me dit qu'il n'aurait pas cru que ce trio serait si vite et si facilement compris, et si favorablement accueilli du public.

À en croire Ries, qui n'arriva à Vienne qu'en 1801 et rédigea les lignes ci-dessus vers 1830, Haydn aurait entendu les trios opus 1 de Beethoven chez Lichnowsky sous leur aspect définitif et avant leur publication. C'est strictement impossible, que l'audition ait eu lieu à la fin de 1793, avant le second départ de Haydn pour Londres, ou à la fin de 1795, après son retour. À la fin de 1793, les trois trios n'existaient pas. Beethoven y travailla pour l'essentiel en 1794 et au début de 1795, pendant l'absence de Haydn, et les fit publier vers le 1er août 1795, avant son retour, avec une dédicace au prince Carl Lichnowsky (1756-1814). Haydn en prit donc connaissance au plus tôt à la fin de 1795, et après leur publication. À la fin de 1793, il ne put entendre qu'une hypothétique version primitive de celui en *mi* bémol majeur n° 1. Dans ce cas, Beethoven ne put effectuer un quelconque travail de révision que d'après les conseils et/ou les observations de Haydn. Schindler place l'incident rapporté par Ries « dans la longue liste des malentendus qui malheureusement ont encombré la vie de Beethoven ». Il est néanmoins fort possible que Beethoven, à la fin de 1795, ait été à tort ou à raison froissé par une remarque de Haydn sur son opus 1, et surtout que six ou sept ans plus tard, alors que ses relations avec Haydn étaient devenues encore plus complexes, il ait volontairement ou non exagéré l'affaire en l'évoquant avec Ries. Mais tout aussi plausible, et nullement en contradiction avec la précédente, apparaît l'hypothèse selon laquelle Haydn, qui aplanissait toujours la route devant ses élèves ou anciens élèves, ait tout simplement, par sa remarque, visé le public plutôt que Beethoven lui-même, voulant éviter à ce dernier une réputation de compositeur difficile. Dans ce cas, Beethoven se serait vexé sans raison, et il y aurait bien eu malentendu. Ce qui semble sûr, c'est que quelque chose se produisit, Ries renforçant sa crédibilité en précisant avoir eu des doutes et être allé chercher chez Haydn confirmation du récit de Beethoven, et Haydn n'ayant, selon lui, opposé à ce récit aucun démenti catégorique. Mais Ries n'accuse nullement Haydn de n'avoir pas « compris » le trio en *ut* mineur de Beethoven, et ne déclare pas non plus avoir entendu une telle accusation dans la bouche de Beethoven. Les récits et anecdotes concernant Beethoven, pour la plupart écrits et publiés après – voire bien après – sa mort, doivent souvent être maniés avec précaution.

LE PIANISTE-COMPOSITEUR

Beethoven fit à Vienne ses débuts de pianiste en privé chez un prince Lobkowitz de la « jeune lignée » : Joseph Maria Carl (1725-1802), maréchal et diplomate. Cet événement eut lieu le 2 mars 1795, et impressionna fortement le comte Zinzendorf* (1739-1813), qui nota en français dans son journal : « De la au Concert du Pce Lobkowitz ou un nommé Bethofen de Bonn nous fit tous sentir. [...] Il a neigé la nuit sur les montagnes. » Le même soir, Haydn dirigeait à Londres la première audition de sa symphonie en *mi* bémol majeur n° 103, dite *Roulement de timbales*. À la fin du mois, Beethoven fit à Vienne ses débuts en public, jouant trois soirs de suite. Les 29 et 30 mars, il participa aux concerts de carême de la Tonkünstler-Societät* dirigés par Antonio Salieri* (1750-1825), faisant entendre le 29 une version primitive de son concerto pour piano en *si* bémol majeur n° 2 opus 19 et le 30 une improvisation. Le 31, il joua un concerto pour piano de Mozart à l'entracte d'une exécution de *La Clemenza di Tito* organisée par sa veuve Constance. Comme oratorio, la Tonkünstler-Societät présenta le 29 et le 30 *Gioas, Ré di Giuda* d'Antonio Cartellieri (1772-1807), un compositeur dont il sera de nouveau question plus loin. Grâce en particulier aux relations existant entre les cours de Bonn et de Vienne et à son statut d'élève de Haydn, Beethoven avait déjà noué avec la haute aristocratie viennoise des liens assez étroits qu'il était fermement décidé à renforcer, ce qui se produisit avec la publication des trios opus 1. Les 9 et 16 mai 1795, le journal *Wiener Zeitung* annonça que ces trios allaient paraître « d'ici six semaines, gravés par Artaria », et le 29 août fit savoir que « puisque tous les souscripteurs ont reçu leurs exemplaires des trios de Ludwig van Beethoven, cette annonce a pour but d'informer que le compositeur dispose d'exemplaires pour un mois encore, on peut se les procurer au prix de souscription d'un ducat. Il habite dans la Kreuzgasse, Maison Ogilfisch, n° 35, premier étage ». Pas moins de cent vingt-trois membres de l'aristocratie et des milieux musicaux de Vienne et de Prague souscrivirent aux trios opus 1 de Beethoven, pour un total de deux cent quarante et un exemplaires, ce qui favorisa énormément leur vente et valut au compositeur une publicité et une somme appréciables.

Le *Jahrbuch der Tonkunst von Wien und Prag* (Annuaire de la musique de Vienne et Prague), paru en 1796 mais rédigé dans la seconde moitié de 1795, et évoquant les différents acteurs – compositeurs et instrumentistes, éditeurs et mécènes, etc. – de la vie musicale dans les deux villes, traita du jeune Beethoven comme suit : « Bethofen, un génie musical qui depuis deux ans a choisi d'habiter Vienne. On l'admire en général beaucoup pour l'agilité et l'aisance avec lesquelles il exécute [au piano] les traits les plus difficiles. Il semble avoir depuis quelque temps pénétré plus avant dans le sanctuaire de l'art, qui est fait de précision, de sentiment et de goût, et sa renommée s'en est accrue d'autant. Une des preuves de son véritable amour de l'art est qu'il s'est confié à notre immortel Haiden [Haydn] pour être initié par lui aux saints mystères de la musique. Ce grand maître l'a confié durant son absence à notre grand Albrechtsberger. Que ne peut-on attendre d'un génie qui comme lui s'en est remis à la conduite de maîtres aussi éminents ! On a déjà de lui plusieurs belles sonates, dont les dernières sont particulièrement remarquables. » Seuls Haydn et Leopold Kozeluch (1747-1818) eurent droit dans le *Jahrbuch* à une notice plus longue que celle consacrée à Beethoven.

Par « dernières sonates », le chevalier Johann Ferdinand von Schönfeld (1750-1821), rédacteur du *Jahrbuch*, entendait sans doute, outre les trios opus 1, les trois sonates parues en mars 1796 comme opus 2 avec une dédicace à Haydn : à la fin de 1795, elles circulaient probablement déjà en manuscrits. Haydn et Beethoven se produisirent dans les mois qui suivirent deux fois ensemble. Dans la *Wiener Zeitung* du 16 décembre 1795, on put lire : « Vendredi prochain, le 18, M. le Kapellmeister Haydn donnera dans la petite salle de la Redoute un grand concert où chanteront Mme Tomeoni et M. Mombelli ; M. van Beethoven jouera un concerto de sa composition [vraisemblablement une version primitive de celui en *ut* majeur n° 1 opus 15] ; et on exécutera trois grandes symphonies encore inconnues composées par M. le Kapellmeister durant son dernier séjour à Londres. On peut se procurer les billets d'entrée auprès de M. le Kapellmeister Haydn dans son appartement du Neuer Markt chez le fruitier impérial, troisième étage, à toute heure. » Le 8 janvier 1796, Haydn et Beethoven se retrouvèrent dans la petite salle de la Redoute à un concert au bénéfice de la chanteuse Maria Bolla. Beethoven joua un concerto – de Mozart ou de nouveau l'un de ses deux premiers – et Haydn dirigea plusieurs de ses récentes *Symphonies londoniennes*, dont celle en *sol* majeur n° 94, dite *La Surprise*. Ce furent les quatrième et cinquième apparitions publiques de Beethoven à Vienne.

Conscient des avantages que représentait pour lui le fait de se situer dans le sillage de son ancien maître, il n'en était pas moins, comme pianiste, déjà une attraction à lui seul, ce que Haydn de son côté ne pouvait ignorer. « Beethoven, dont on dit qu'il surclasse tout le monde au piano », écrivit à son père le diplomate suédois Fredrik Samuel Silverstolpe* (1769-1851) le 9 novembre 1796. Haydn et Beethoven devaient se produire ensemble, jusqu'en 1801, à plusieurs autres concerts, et les deux de l'hiver 1795-1796 montrent que leurs rapports étaient à cette époque plus sereins que ne le laissent supposer les récits habituels.

La vie musicale à Vienne

À la mort de son père Nicolas le Magnifique (1714-1790) en septembre 1790, le prince Anton Esterházy (1736-1794) congédia les membres de la chapelle qu'avait dirigée Haydn, sauf ce dernier, le violoniste Luigi Tomasini (1741-1808), la musique militaire et sa Chor Musik (ses musiciens d'église) cantonnée non à Eszterháza mais à Eisenstadt. C'était un signe des temps.

LE TOURNANT DU DÉBUT DES ANNÉES 1790

Dans les années 1790, l'organisation de la vie musicale à Vienne commença en effet à se modifier sensiblement. En fondant officiellement le 1er janvier 1797, alors qu'il atteignait sa majorité, sa chapelle musicale privée (*Hauskapelle*) et en reconstituant celle de son grand-père Nicolas le Magnifique en 1795, les princes Franz Joseph

Maximilian Lobkowitz (1772-1816), « protecteur » du vieux Haydn et du jeune Beethoven, et Nicolas II Esterházy (1765-1833), nouveau « patron » de Haydn, agissaient l'un et l'autre à contre-courant. C'est précisément entre ces deux dates que le *Jahrbuch der Tonkunst von Wien und Prag* déplora le déclin des *Hauskapellen* qui avaient fleuri depuis le milieu du XVIIIe siècle : « La plupart de nos grandes maisons princières avaient jadis l'habitude d'entretenir des chapelles privées, et les plus grands génies s'y sont souvent formés (la preuve en est notre grand Haydn), mais aujourd'hui, soit que l'amour de l'art ait diminué, soit par manque de goût, ou pour toute autre raison, bref, cette louable habitude s'est perdue, au grand détriment de l'art, et ces chapelles ont disparu les unes après les autres, de sorte qu'à l'exception de la chapelle princière Schwarzenberg, plus aucune n'existe. On trouve cependant au sein de cette dernière, en particulier parmi les instrumentistes à vent, de très remarquables virtuoses. Le prince Grassalkovics a transformé sa chapelle en un simple ensemble d'instruments à vent dirigé par le grand clarinettiste [Anton] Griesbacher. M. le baron von Braun* entretient une harmonie pour sa musique de table. Il existe une autre harmonie, celle entretenue assez régulièrement par M. Jahn, traiteur de la cour. Elle se fait entendre l'été dans l'Augarten. La musique de l'artillerie est composée de gens très habiles. Son chef, M. [Sebastian] Gromann, joue merveilleusement du hautbois. L'été, cet ensemble joue tous les soirs à la maison de la limonade sur le bastion, et l'on peut fort bien faire appel à lui pour des académies privées. »

Après avoir, à partir du règne de l'impératrice Marie Thérèse (1717-1780), c'est-à-dire des environs de 1740, succédé à la chapelle impériale comme moteur principal de la vie musicale dans l'orbite de Vienne, les *Hauskapellen* – la plus célèbre était et reste celle des Esterházy dirigée par Haydn jusqu'en 1790 – tendaient donc à disparaître à leur tour, pour des raisons d'économie et aussi parce qu'en entretenir une était devenu moins que jadis source de prestige social. Mais cela ne signifia pas pour autant la fin de la culture musicale et du mécénat aristocratiques. Les structures féodales viennoises surent se réformer et s'adapter. Au lieu d'entretenir des *Hauskapellen*, les aristocrates viennois se mirent à subventionner chez eux ou ailleurs des manifestations privées, semi-publiques ou même publiques, un exemple-type étant la Gesellschaft der Associerten (Société des Associés) du baron Gottfried van Swieten (1733-1803), fondée en 1780 avec comme objectif principal de faire connaître aux Viennois les oratorios de Haendel (1685-1759).

C'est pour elle que Mozart avait arrangé *Acis et Galatée* en 1788, *Le Messie* en 1789 et l'*Ode à sainte Cécile* et *La Fête d'Alexandre* en 1790, et grâce aux contributions financières de ses membres, tous de la plus haute noblesse, qu'eurent lieu les premières auditions – privées, chez le prince Schwarzenberg – de la version vocale des *Sept Paroles du Christ* (1796), de *La Création* (1798) et des *Saisons* (1801) de Haydn. C'est essentiellement de ce nouveau type de mécénat, reflétant une période de transition, que dépendit Beethoven au cours de ses premières années à Vienne. Cela à quelques exceptions (ou pseudo-exceptions) près, dont la plus marquante fut, vers le 9 juin 1804, la première audition de la *Symphonie héroïque* chez le prince Lobkowitz par l'orchestre privé de ce dernier, ce qui superficiellement pouvait apparaître comme un retour aux pratiques du passé. Mais le prince Lobkowitz était une personnalité tout à fait exceptionnelle.

De ce monde nouveau résulta pour la majorité des musiciens, par rapport au monde ancien des *Hauskapellen*, une incontestable émancipation sociale, mais aussi une situation financière plus précaire. La vie musicale « de haut niveau » se déroulait toujours très largement dans les salons privés de l'aristocratie, mais déjà, plus ou moins, selon les lois du marché, l'aristocratie disposant en quelque sorte d'un «pool» de musiciens dans lequel elle pouvait puiser. Étaient «utilisés» ou entendus ceux qui plaisaient ou qui – tels Haydn et Beethoven – s'imposaient par leur prestige. Les autres étaient mal payés, subsistaient en se livrant à des tâches d'enseignement (mais seul Beethoven eut un élève aussi prestigieux que l'archiduc Rodolphe), flattaient le goût du «public» ou allaient chercher fortune ailleurs. Beethoven, au contraire, bénéficia en tant que «favori» des Lichnowsky, Schwarzenberg, Lobkowitz et autres Apponyi d'une sécurité matérielle expliquant en partie – le suggérer n'est pas faire injure à son génie – les risques qu'il prit au plan artistique et le fait qu'il ait rencontré beaucoup moins de résistance que ne le veut la légende.

Dans les années qui suivirent 1795, période où il lui fallut à la fois s'imposer et continuer à «apprendre», en particulier comment s'attaquer aux genres difficiles – les derniers qu'il aborda – du quatuor à cordes et de la symphonie, il fut loin d'être ignoré et méconnu, et il bénéficia d'une sécurité matérielle qu'il ne devait pas toujours retrouver par la suite. Comme l'écrivit dans ses Mémoires un de ses rares élèves, Carl Czerny* (1791-1857) : «Il a été dit et répété à l'étranger que Beethoven ne fut pas apprécié à Vienne et qu'on s'empressa de lui faire obstacle. La vérité est que dès sa jeunesse, il fut très largement soutenu par la noblesse, et bénéficia autant que n'importe quel autre jeune artiste de l'attention et du respect de la haute aristocratie. »

À partir de son retour définitif de Londres en 1795, Haydn bénéficia du meilleur des deux mondes, de la sécurité relative mais réelle de l'ancien et de l'indépendance et du prestige du nouveau. Il put enfin vivre principalement à Vienne, ce qui ne lui était pas arrivé depuis son entrée chez les Esterházy en 1761, en musicien quasi indépendant et dans sa propre maison. Il touchait la pension de 1 000 florins par an que lui avait laissée en 1790 Nicolas le Magnifique ainsi que le salaire de 400 florins, passé en 1797 à 700 florins, versé par Nicolas II. S'y ajoutaient le produit de la vente de ses œuvres aux éditeurs et les recettes de divers concerts : l'exécution de *La Création* au Burgtheater le 19 mars 1799 lui rapporta 4 088 florins, record absolu à Vienne. Sa musique était appréciée par l'aristocratie mais aussi par le « grand public » plus ou moins populaire. Il continua à surprendre et à enthousiasmer le monde par des œuvres nouvelles, avec à leur tête *La Création*, ce qui accrut d'autant une renommée internationale déjà immense et retarda de plusieurs années la reconnaissance de Beethoven comme le plus grand compositeur vivant. D'où sa position absolument unique.

Salieri lui aussi bénéficia des deux mondes, mais il ne pouvait se comparer à Haydn comme compositeur.

La position de Beethoven était différente. Il fut vite apprécié autant que Haydn par l'aristocratie, mais il ne devait réussir que plus tard sa percée auprès du public populaire et international et auprès de la critique. En témoigne le changement progressif de ton des articles publiés à son sujet dans l'*Allgemeine Musikalische Zeitung* de Leipzig. Il convient toutefois de préciser à ce propos que c'est à peu près au moment où Beethoven commença à se faire éditer par la maison Breitkopf & Hârtel, qui éditait l'*Allgemeine Musikalische Zeitung*, que dans cette revue les articles devinrent plus favorables.

Quatre portraits

Beethoven fréquenta aussi la petite noblesse, et c'est en son sein qu'il noua certaines de ses amitiés les plus solides, en particulier avec Nikolaus Zmeskall von Domanovecz (1759-1833), secrétaire à la chancellerie de Hongrie à Vienne, excellent violoncelliste et compositeur à ses heures, dédicataire en 1816 du quatuor en *fa* mineur opus 95, et avec le baron Ignaz von Gleichenstein (1778-1828), dédicataire en 1809 de la sonate pour violoncelle et piano en *la* majeur opus 69. C'est néanmoins avec la haute aristocratie qu'aux alentours de 1800, Haydn et lui-même entretinrent au plan « professionnel » les relations les plus étroites, paraissant dans ses salons et lui dédiant de nombreuses œuvres. Ces grands aristocrates s'appelaient Lobkowitz, Lichnowsky, Razumovsky, Schwarzenberg, Apponyi, Erdödy, Fries, Kinsky ou encore Esterházy. On trouve leurs noms dans la liste des souscripteurs des trios opus 1 de Beethoven en 1795 et de *La Création* de Haydn en 1800. Ils étaient tous ou presque passionnés de musique, et quelques-uns restaient assez riches pour entretenir un quatuor à cordes ou un orchestre. La plupart consacraient à leur passion de substantielles dépenses : situation qu'une quinzaine d'années plus tard, l'inflation due aux guerres napoléoniennes – en 1811, la monnaie autrichienne fut dévaluée de 80 % – allait bouleverser de fond en comble, mettant fin à une forme essentielle de mécénat. Après 1815, dans l'Autriche de Metternich, le dernier Beethoven et surtout Schubert (1797-1828) devaient connaître un contexte social tout nouveau.

Ancien élève de Mozart, le prince Carl Lichnowsky (1756-1814) avait effectué avec lui en mars-avril 1789 un voyage à Prague, Dresde,

Leipzig et Berlin, et organisa pour Beethoven – qu'il avait hébergé chez lui dès son arrivée à Vienne – une tournée semblable au début de 1796. Il n'entretenait pas d'orchestre, mais (depuis 1794) un quatuor à cordes dont le premier violon était Ignaz Schuppanzigh (1776-1830). Le nom de Lichnowsky est moins associé à celui de Haydn, qui ne lui dédia aucune œuvre, qu'à celui de Beethoven, mais l'un et l'autre fréquentèrent assidûment ses concerts du vendredi matin.

Mlle von Kissow (plus tard Mme von Bernhard), une pianiste qui s'y produisait, raconta bien plus tard : « J'étais souvent invitée chez les Lichnowsky pour y jouer. Lui était un homme sympathique et distingué, elle une très belle femme. Pourtant, ils ne semblaient pas heureux ensemble. [...] Je me souviens encore très bien de Haydn et de Salieri assis sur un sofa d'un côté de la petite salle de musique, tous deux habillés avec soin à l'ancienne mode avec perruque, souliers et bas de soie, tandis que même là, Beethoven avait coutume de venir habillé à la mode informelle d'outre-Rhin, presque en négligé. »

Lichnowsky avait épousé en 1788 Marie Christiane (1765-1841), une des trois filles de la comtesse Marie Wilhelmine de Thun, née Uhlfeld (1744-1800). Mme von Bernhard raconte avoir vu un vendredi la comtesse Thun « s'agenouiller devant [Beethoven] étendu sur un sofa et le prier de jouer quelque chose. Mais Beethoven ne voulut rien savoir. Il faut dire que la comtesse Thun était une femme très excentrique ».

En 1800, Lichnowsky offrit à Beethoven deux violons, un alto et un violoncelle, c'est-à-dire les quatre instruments du quatuor. Beethoven n'était pas censé s'en servir pour jouer : il s'agissait d'un don symbolique au moment où prenait fin le travail sur ses six quatuors opus 18. La même année, Lichnowsky consentit au compositeur une rente annuelle de 600 florins qu'il cessa de lui verser en 1806, date à laquelle ils se brouillèrent provisoirement : invité en automne de cette année-là dans la résidence de Lichnowsky à Grätz, près de Troppau (Opava) en Silésie autrichienne, Beethoven refusa de jouer devant des officiers français.

Outre les trios opus 1, Beethoven dédia à Lichnowsky les variations pour piano en *ut* majeur sur un thème de Paisiello WoO 69 (1795), la *Sonate pathétique* en *ut* mineur n° 8 opus 13 (1799) et celle en *la* bémol majeur n° 12 opus 26 (1802), ainsi que la *Symphonie n° 2* opus 36 (1804). Son frère aîné, le comte Moritz (1771-1837), pianiste et compositeur, reçut pour sa part les variations pour piano en *mi* bémol opus 35, dites à tort *Eroica* (1803), et la sonate en *mi* mineur n° 27 opus 90 (1815). Le comte Moritz joua un grand rôle dans la préparation de la première audition de la *Neuvième Symphonie* en 1824.

Une autre des trois filles de la comtesse Thun avait épousé le comte (après 1815 prince) Andreas Razumovsky (1752-1836), connu comme commanditaire (1806) et dédicataire (1808) des trois quatuors opus 59 de Beethoven. Diplomate russe, Razumovsky avait séjourné pour la première fois à Vienne en 1777-1779 et y était revenu en 1794 dans la suite de l'ambassadeur Galitzine, avant de devenir lui-même ambassadeur. En 1808, il fit passer sous son propre patronage, en l'engageant de façon permanente avec des contrats à vie, le quatuor formé à l'origine par son beau-frère Lichnowsky, toujours avec comme premier violon Schuppanzigh. Schindler écrivit à ce sujet : « Le quatuor Razumovsky devint en même temps le quatuor de Beethoven, comme si le mécène ne l'avait engagé que pour le mettre au service de ce dernier ; il put en disposer librement. »

De la passion de Razumovsky pour le quatuor à cordes et de la qualité de ses goûts artistiques, ainsi que de la volonté des compositeurs, quand leur statut social le leur permettait, de tirer de leur travail le plus grand bénéfice possible, témoigne une lettre qu'au début de 1795, Haydn étant à Londres, il adressa de Vienne, en français, à un ami à Saint-Pétersbourg : «En fait de musique, [...] la perte du fameux Mozart et l'absence de Haydn nous laissent dans la pénurie à cet égard, et les autres compositeurs, tous bien subalternes vis-à-vis de ces deux-là, osent à peine donner quelque chose au public, dans la crainte de n'avoir point le débit de leurs faibles productions. J'ai bien du regret que les six quatuors de Haydn [opus 71/74] que j'ai entendus avec le plus grand plaisir, ne se trouvent pas à acheter. Ayant été composés il y a deux ans pour quelqu'un [le comte Apponyi] qui en paya cent ducats la jouissance exclusive pendant la première année, ils ne seront probablement gravés et mis en vente que quand Haydn, qui est très attentifs à ses intérêts, aura épuisé la ressource de les débiter personnellement en Angleterre aussi chèrement que possible. » Il était normal pour un mécène, quand il avait commandé une œuvre, de s'en réserver l'exclusivité pour un temps.

Le 31 décembre 1814, durant le congrès de Vienne, le palais de Razumovsky brûla complètement, le laissant ruiné. En 1816, le quatuor qu'il entretenait fut dissous, ses membres conservant leur pension, et Schuppanzigh s'installa pour sept ans à Saint-Pétersbourg. Outre les trois quatuors opus 59, Razumovsky reçut en dédicace de Beethoven, conjointement avec le prince Lobkowitz, la *Cinquième Symphonie* et la *Sixième* (1809).

Le prince Johann Joseph Nepomuk von Schwarzenberg (1769-1833) reçut lors de sa parution en 1801 la dédicace du quintette en *mi* bémol majeur pour piano et vents opus 16 de Beethoven, composé sans doute en mai-juin 1796 à Berlin. Il fit probablement exécuter chez lui, avant sa programmation au premier concert public donné par Beethoven à son propre bénéfice (2 avril 1800), le « célèbre » septuor en *mi* bémol majeur opus 20. Son orchestre d'instruments à vent, dont il a déjà été question, jouait volontiers des transcriptions d'opéras de Mozart et d'autres. Dans son palais du Mehlmarkt (actuellement Neuer Markt), on l'a vu, retentirent en première audition privée, en 1796, 1798 et 1801 respectivement, les trois grands oratorios de l'ultime période créatrice de Haydn : il mettait habituellement ce palais – qui aujourd'hui n'existe plus – à la disposition de Gottfried van Swieten et de sa Société des Associés. Son épouse Pauline, née princesse von Arenberg, périt brûlée vive en 1810 lors d'un bal masqué donné par lui-même à Paris à l'occasion du mariage de Napoléon et de Marie Louise.

Nicolas II Esterházy, quatrième et dernier prince auquel fut attaché Haydn, s'intéressait surtout aux arts plastiques et au théâtre. En musique, il privilégiait le domaine religieux, et souhaitait obtenir chaque année une messe pour la fête de son épouse Marie Hermenegild (1768-1845) en septembre. Haydn, avec qui le prince entretenait au demeurant des relations assez tendues, en composa six de 1796 à 1802. D'autres furent ensuite composées par Johann Nepomuk Hummel (1778-1837), chef d'orchestre à Eisenstadt de 1804 à 1811.

En 1807, le prince s'adressa à Beethoven : il devait en résulter la messe en *ut* majeur opus 87. Beethoven n'en était pas à son premier contact avec les Esterházy : le prince avait en 1795 compté parmi les souscripteurs des trios opus 1, et en 1804 Marie Hermenegild avait reçu en dédicace les trois marches pour piano à quatre mains opus 45. Le 26 juillet 1807, Beethoven envoya au prince une lettre à laquelle était joint un certificat médical excusant le retard qu'il avait pris dans son travail, et contenant notamment cette phrase : « Ce n'est pas sans une certaine crainte que je remettrai cette messe entre vos mains, car Votre Altesse a l'habitude de faire donner les chefs-d'œuvre inimitables du grand Haydn. » Beethoven écrivit cette phrase très sérieusement, et instruit par l'expérience. Il examina alors de près les récentes messes de Haydn, et au début des esquisses de son propre Gloria, nota l'épisode correspondant de l'avant-dernière des six : la *Schöpfungsmesse* (Messe de la Création) en *si* bémol majeur de 1801. La réponse d'Esterházy est datée du 9 août : « Les craintes que vous inspire la comparaison avec les messes de Haydn ne font que rehausser la valeur de votre œuvre. » Attendant beaucoup de la messe de Beethoven, le prince assista en personne aux répétitions. Accompagné d'un ami et d'un domestique, Beethoven arriva le 10 septembre à Eisenstadt, où il fut logé non pas au château, mais chez un fonctionnaire princier du nom de Joseph Baranyi. Le 13, la messe en *ut* retentit sous sa propre direction dans la Bergkirche.

On se réfère toujours, pour raconter ce qui se passa ensuite, à la biographie de Schindler : « Après le service, le prince reçut dans son château Beethoven et d'autres notabilités. Quand Beethoven fit son entrée, le prince lui demanda avec indifférence : "Mais mon cher Beethoven, qu'avez-vous donc fait là ?" L'effet de cette question sur Beethoven fut encore accru lorsqu'il vit rire Hummel, qui se tenait à côté du prince. Il crut que c'était à ses dépens, et quitta le jour même la résidence du prince, sans se demander si ce rire fatal s'adressait bien à lui, et non à la façon dont le prince s'était exprimé. »
En réalité, Beethoven quitta Eisenstadt seule-

ment trois jours plus tard, le 16 septembre, après y être resté près d'une semaine. Le 22, il envoya de Vienne aux services princiers une facture pour frais de copie ne laissant percer aucun sentiment d'orgueil blessé. Mais le concert qu'il projetait de donner à Eisenstadt avant la fin de l'année n'eut jamais lieu. Et il reste que le prince apprécia peu la messe en *ut*, comme le montre une lettre en français qu'il adressa peu de temps après à l'une de ses maîtresses : « La messe de Beethoven est insupportablement ridicule et détestable, je ne suis pas convaincu qu'elle puisse même paraître honnêtement; j'en suis coléré et honteux. » C'est avec une dédicace non au prince Nicolas II Esterházy, mais au prince Ferdinand Johann Nepomuk Kinsky (1781-1812), que la messe en *ut* parut chez Breitkopf & Härtel en octobre 1812. Un mois plus tard, le prince Kinsky mourut des suites d'une chute de cheval.

Le prince Maximilian Lobkowitz

Issu de la « lignée ancienne », dite de Raudnitz, le prince Franz Joseph Maximilian Lobkowitz (1772-1816) mérite une place à part : il réunit en effet en sa personne tous les aspects du mécénat viennois. On a des traces de sa famille, originaire de Bohême, depuis le milieu du XIVe siècle. Son père, le prince Ferdinand Philipp (1724-1784), avait emmené Gluck (1714-1787) à Londres en 1745, et fait à Berlin la connaissance de Carl Philipp Emanuel Bach (1714-1788). Il acquit des palais à Vienne (dont celui où en 1804 fut créée la *Symphonie héroïque*) et en Bohême, et ne se maria qu'en 1769. Maximilian, son fils unique, naquit trois ans plus tard, mais Ferdinand Philipp ne consentit à le voir qu'en 1779. Sa nourrice l'ayant laissé tomber, Maximilian fut blessé à la hanche, et dut marcher toute sa vie avec des béquilles. Il apprit le violon, mais son père lui interdit d'en jouer. Ce père mourut alors qu'il n'avait que onze ans. Il apprit alors l'allemand, le tchèque, l'italien et un peu d'anglais, et se perfectionna en violon et en violoncelle. Il possédait en outre une belle voix de basse. À partir de 1790, il eut comme professeur de violon Antonin Vranicky (Anton Wranitzky) (1761-1820), dont le frère Pavel (Paul) (1756-1808) fréquentait lui aussi le palais Lobkowitz à Vienne. Le jeune prince y vivait avec sa mère. Maximilian décida alors de constituer une chapelle musicale, et reçut en la matière les conseils d'Antonin Vranicky. Le 2 août 1792, à l'âge de vingt ans, il épousa la fille du prince Schwarzenberg. Lors des cérémonies fut exécutée la première symphonie d'Antonin Vranicky, une œuvre à programme au titre approprié : *Aphrodite* (Vénus).

Le jeune couple Lobkowitz commença à organiser des concerts. On sait que l'un d'eux, peut-être le premier, eut lieu le 19 février 1793. Beethoven était alors à Vienne depuis trois mois. Aux deux premiers concerts publics auxquels Beethoven participa à Vienne (29 et 30 mars 1795), on entendit, on l'a vu, l'oratorio *Gioas, Ré di Guida* d'Antonio Cartellieri, plus tard professeur de chant et second maître de chapelle de Lobkowitz. Ce dernier compta évidemment, la même année, parmi les souscripteurs des trios opus 1. Le 19 janvier 1797, ayant atteint l'âge de vingt-cinq ans, le prince fut déclaré majeur. Trois semaines auparavant, le 1er janvier 1797, il avait officiellement fondé sa chapelle musicale et placé à sa tête, avec un salaire annuel de 1 200 florins, Antonin Vranicky, qui jouait notamment du violon. Parmi les autres membres de cette chapelle, un certain Anton Schreiber, également violoniste, et surtout deux violoncellistes : Anton Kraft (1749-1820) et son fils Nikolaus Kraft (1778-1853). De 1778 à sa dissolution en 1790, Anton Kraft avait joué dans la chapelle Esterházy sous l'autorité de Haydn, et c'est pour lui qu'en 1783 Haydn avait composé son célèbre concerto pour violoncelle en *ré* majeur. C'est également à Anton Kraft qu'en 1804, Beethoven destina la partie de violoncelle de son triple concerto en *ut* majeur opus 56, une de ses nombreuses partitions dédiées à Lobkowitz. Anton Kraft fut en outre membre du Quatuor Schuppanzigh. Le 1ᵉʳ mai 1798, avec l'engagement comme chanteur et violoniste d'Antonio (Anton) Cartellieri, d'origine italienne mais natif de Danzig. la chapelle Lobkowitz prit son aspect quasi définitif, qu'elle devait conserver en gros jusqu'à sa dissolution en 1813.

En 1804, Lobkowitz employait dans sa maison cent cinquante personnes, total passé à cent soixante et onze en 1806 et à cent quatre-vingt-douze en 1811 : plus que tout autre aristocrate austro-bohémien à l'époque. Outre ses palais viennois, il possédait en Bohême les résidences de Raudnitz (Roudnice) et d'Eisenberg. Chaque année, il passait en Bohême avec toute sa maison la période de mai à septembre. En 1798, ses dépenses pour sa chapelle atteignirent 2 661 florins. La même année, il fit représenter à Raudnitz, par une troupe venue de Prague, *L'Enlèvement au sérail* et *Cosi fan tutte* de Mozart. Toujours en 1798, le 30 avril, eut lieu au palais Schwarzenberg la première audition (privée) de *La Création* de Haydn. En tant que membre de la Société des Associés de Gottfried van Swieten, Lobkowitz soutint financièrement l'entreprise, et versa en outre personnellement à Haydn 225 florins. Pour la première audition publique le 19 mars 1799 au Burgtheater, il versa encore à Swieten un total de 290 florins. Toujours en 1799, Lobkowitz fit exécuter *La Création* d'abord à Raudnitz, puis le 9 octobre à Eisenberg. Sa belle voix de basse lui permit de chanter lui-même l'ouvrage plusieurs fois à Vienne, en particulier le 4 avril 1800 (« avec expression malgré son peu de timbre », selon le comte Zinzendorf), et à Raudnitz le 27 octobre 1805. Pour cette exécution à Raudnitz, il avait fait traduire par un de ses fonctionnaires le livret en langue tchèque.

Lobkowitz se constitua une importante bibliothèque musicale. En avril 1799, il acheta par exemple pour son propre compte les trois sonates pour violon et piano opus 12 de Beethoven, parues depuis peu avec une dédicace à Antonio Salieri, et pour le compte de son beau-frère des œuvres de Leopold Kozeluch (1747-1818), Haydn, Mozart, Antonin et Pavel Vranicky et Frantisek Krommer-Kramar (1759-1831). Surtout, il commanda à Beethoven ses premiers quatuors à cordes, les six de l'opus 18, et lui versa le 7 octobre 1799 une somme de 200 florins pour les trois premiers, puis le 18 octobre 1800 de nouveau 200 florins pour les trois derniers. Ayant reçu de lui, au même moment, une commande analogue, Haydn composa en 1799 ses deux derniers quatuors achevés, ceux de l'opus 77. Les six quatuors opus 18 de Beethoven parurent en 1801 et les deux de l'opus 77 de Haydn en 1802, chaque fois avec une dédicace à Lobkowitz

En 1800-1802, Lobkowitz s'intéressa particulièrement au théâtre. Lui-même et son épouse se produisirent sur sa scène privée, et Cartellieri composa dans ce contexte un opéra en italien (*Angarda*) et un autre en allemand (*Rübezahl*). En 1801, il soutint financièrement la première audition des *Saisons* de Haydn, ouvrage que dès 1802 il fit exécuter à Eisenberg. Parmi les œuvres qu'il se fit copier en 1802 figure *L'Art de la fugue* de Bach. Et l'on sait qu'en 1803-1804, il fut étroitement mêlé à la genèse et aux premières exécutions de la *Symphonie héroïque* de Beethoven. Ce dernier travailla à cette œuvre pour l'essentiel de juin à septembre 1803, mais certaines esquisses sont nettement antérieures. Le 22 octobre 1803, Ferdinand Ries écrivit en effet à l'éditeur Simrock à Bonn : « Il [Beethoven] est prêt à vous vendre la symphonie pour 100 ducats. Il déclare lui-même que c'est la plus grande œuvre jamais composée par lui. Il me l'a jouée récemment, et ciel et terre se sont mis à trembler. Il a grande envie de la dédier à Bonaparte, sinon, étant donné que Lobkowitz veut l'avoir pour lui seul pendant six mois et est prêt pour cela à payer 400 florins, elle s'appellera Bonaparte. » Beethoven soumit encore l'*Héroïque* à diverses révisions, mais celles postérieures à juin 1804 le furent à la lumière des premières auditions privées. Il n'y avait alors, on l'a vu, rien d'extraordinaire pour un mécène de demander et obtenir pendant un certain temps l'exclusivité d'une œuvre musicale, en payant bien entendu. Les sources montrent clairement que Beethoven décida d'accepter l'offre de Lobkowitz et qu'il reçut de lui, à la fin de 1804, non pas 400 florins mais 700 florins, ainsi que 80 ducats en or.

La première audition de l'*Héroïque*, avec observation de la reprise dans le premier mouvement, eut lieu au palais Lobkowitz à Vienne vers le 9 juin 1804, avec un orchestre de vingt-six à vingt-neuf musiciens : un état de dépenses établi par Antonin Vranicky, daté de ce jour-là et conservé dans les archives Lobkowitz, mentionne expressément l'exécution d'une symphonie de Beethoven nécessitant un troisième corniste. Fut alors également exécuté en privé chez Lobkowitz le triple concerto pour piano, violon et violoncelle en *ut* majeur opus 56. Ensuite, le prince eut sur la *Symphonie héroïque* une exclusivité de six mois. Durant cette période, elle ne fut exécutée que chez lui, en privé, parfois devant un cercle d'invités : c'est en toute probabilité en septembre 1804 qu'il la fit entendre trois fois de suite à l'excellent pianiste et bon compositeur qu'était le prince Louis Ferdinand de Prusse (1772-1806). Quant à Beethoven, il était dans l'incapacité, durant ces six mois, de la faire publier et de la faire entendre ailleurs : ses mains étaient liées. À l'expiration des six mois, l'*Héroïque* fut exécutée plusieurs fois à Vienne « chez Lobkowitz et d'autres ». La première audition dans un concert public au sens moderne, avec billets d'entrée payants, eut lieu quant à elle à Vienne le 7 avril 1805, dans le cadre d'un concert du violoniste Franz Clement*. La publication n'intervint qu'en octobre 1806, avec une dédicace à Lobkowitz. C'est alors seulement que l'œuvre fut dotée du titre passé à la postérité : *Sinfonia Eroica [...] per festeggiare il sovvenire di un grand Uomo* (Symphonie Héroïque [...] pour célébrer le souvenir d'un grand Homme). L'autographe a disparu. Une des principales sources de l'ouvrage est la célèbre copie en partition avec corrections de la main de Beethoven et page de titre portant à l'origine *Sinfonia grande intitulata Bonaparte* (Grande symphonie intitulée Bonaparte). On sait que les mots « intitulata Bonaparte » furent vigoureusement rayés de la main du compositeur lui-même, avec comme résultat un grand trou dans le papier. Les raisons de cette suppression et l'identité du « grand Homme » – peut-être Louis Ferdinand de Prusse, tué le 10 octobre 1806, quelques jours avant la publication, à la bataille de Saalfeld – restent matières à débat.

Tout cela coûtait cher, et Lobkowitz commença à s'endetter, sans pour autant réduire ses dépenses. En 1804, il fit exécuter à Eisenberg et à Raudnitz *Don Giovanni* de Mozart, et en 1805 fit l'acquisition de cinq nouveaux pianos. Les années 1806-1810 marquèrent l'apogée de ses activités de mécène. Du 1er janvier 1807 à 1811, il assuma avec d'autres aristocrates la direction des deux théâtres impériaux de Vienne, ce qui lui coûta énormément au plan financier, et c'est lui et deux autres aristocrates, le prince Kinsky et l'archiduc Rodolphe*, qui en 1809 assurèrent à Beethoven, pour le dissuader de quitter Vienne, une rente annuelle à vie de 4 000 florins. De 1806 à 1810, il dépensa pour la musique et le théâtre la somme astronomique de 93 894 florins. En 1806, Hummel reçut de lui 500 florins pour la dédicace d'une cantate, et en 1807, pour trois quatuors à cordes, 300 florins. Leopold Kozeluch, Joseph Weigl* (1766-1846), filleul de Haydn et successeur en 1791 de Salieri à la direction musicale de l'Opéra, le compositeur et chef d'orchestre Konradin Kreutzer (1780-1849) et le violoniste Rodolphe Kreutzer (1766-1831), Antonin Reicha* (1770-1836) et bien d'autres compositeurs et artistes furent subventionnés de la sorte. En 1811, à l'occasion du mariage de sa fille aînée, eurent lieu à Raudnitz des festivités qui coûtèrent, dit-on, un million de florins. Le 27 mars 1808, Lobkowitz était présent lorsque, sous la direction de Salieri, eut lieu la fameuse exécution en italien de *La Création* qui vit la dernière apparition de Haydn en public. La célèbre gravure de Balthasar Wigand représentant l'événement le montre debout, appuyé sur ses béquilles, à la gauche de Haydn assis dans un fauteuil, et un journal écrivit : « Voyez maintenant comment le prince Lobkowitz, cet amateur enthousiaste, comment Salieri, comment Beethoven, embrassaient en pleurant les mains de leur maître à tous, comment l'auteur d'*Axur* [Salieri] se tenait là humblement, hésitant à prendre [à la tête des musiciens] la place qu'il [Haydn] avait si souvent occupée, et n'occuperait jamais plus. »

À des dépenses inconsidérées et aux charges que représentait la responsabilité de deux théâtres viennois vint s'ajouter, pour précipiter la ruine de Lobkowitz, l'inflation due aux guerres napoléoniennes. Le dernier concert qu'il organisa à Vienne eut lieu en janvier 1813, avec la participation de Louis Spohr (1784-1859). En 1813-1814, ses biens furent mis en tutelle, et de nombreux procès s'ensuivirent, y compris avec Beethoven pour le paiement de sa rente, qui elle aussi perdait de sa valeur du fait de l'inflation Après avoir participé comme lieutenant-colonel à la campagne de 1813-1814 contre Napoléon, Lobkowitz ne remit plus les pieds à Vienne. Il passa ses deux dernières années en Bohême, l'été à Eisenberg et l'hiver à Prague, et mourut des suites d'une chute qui blessa gravement sa jambe malade le 15 décembre 1816, à l'âge de seulement quarante-quatre ans. Les dernières œuvres que Beethoven lui dédia furent le quatuor n° 10 en *mi bémol majeur* opus 74 (1810) et le cycle de mélodies *À la bien-aimée lointaine* (1816).

Une nouvelle conception de la musique

Avant de s'enthousiasmer pour Haydn et de reconnaître la grandeur de Beethoven au tout début du XIXe siècle, l'historien de la musique Charles Burney* (1726-1814) adhéra longtemps à l'esthétique du plaisir qui avait largement dominé le XVIIIe. Burney dénigrait alors « l'art dépourvu de sens et inutilement compliqué », et estimait que toute musique était périssable. Or à Vienne dans les années 1780, cette esthétique se trouva progressivement battue en brèche par une esthétique du goût, de l'émotion et du chef-d'œuvre impérissable.

GOTTFRIED VAN SWIETEN

Le pionnier fut à cet égard Gottfried van Swieten. Ambassadeur d'Autriche à Berlin de 1770 à 1777, il y avait découvert Bach et Haendel, et plus généralement la musique de l'Allemagne du Nord, et avait commandé en 1773 six symphonies pour cordes à Carl Philipp Emanuel Bach (1714-1788) en l'adjurant « de se laisser complètement mener par son inspiration, sans tenir compte des difficultés d'exécution qui en résulteraient nécessairement ». À son retour à Vienne, il devint bibliothécaire impérial et, en tant que président de la commission pour l'éducation et de la censure, il participa activement à la politique de réformes de Joseph II. Il eut en outre à cœur de faire connaître à ses compatriotes le répertoire musical qu'il avait découvert durant son ambassade : d'où la fondation de sa Société des Associés et sa transmission à Mozart, en 1782, de son grand intérêt pour Bach et Haendel et pour les pièces issues de modèles baroques. Il se posa ainsi en ardent défenseur du sérieux et de l'idéologie de la grandeur.

Au sein du mécénat aristocratique, il resta d'abord quelque peu marginal, mais dans les années 1790, ses idées firent de plus en plus leur chemin, ce qui en fin de compte lui valut d'être reconnu comme une sorte de doyen des mécènes musicaux – il était effectivement plus âgé que la plupart d'entre eux – et d'arbitre du goût. En témoignent les lignes que lui consacra le *Jahrbuch der Tonkunst von Wien und Prag* : « [Le baron] doit en quelque sorte être considéré comme un patriarche de la musique. Il n'a de goût que pour le grand et le sublime. Il a lui-même composé, il y a plusieurs années, douze belles symphonies. Lorsqu'il assiste à un concert, nos semi-connaisseurs ne le quittent pas des yeux, pour lire sur ses traits (pas faciles à déchiffrer pour le commun des mortels) ce qu'ils doivent penser de ce qu'ils ont entendu. Il donne tous les ans quelques grands et magnifiques concerts où l'on ne joue que des œuvres des maîtres anciens. Il met au-dessus de tout le style de Haendel, dont il fait en général exécuter de grands chœurs. »

Plus tard, Sigismund Neukomm* (1778-1858), un élève de Haydn, devait raconter à Otto Jahn : « [Van Swieten] usait de son influence et de son prestige [...] même pour obtenir durant les manifestations musicales le silence et l'attention. Si l'on entendait le moindre murmure, Son Excellence, toujours assise aux premiers rangs, se levait solennellement et de toute sa hauteur, se tournait vers le coupable, le toisait d'un air sévère, et se rasseyait lentement. Chaque fois, cela produisait son effet. » Comme habitué des concerts, Van Swieten était nettement en avance sur son temps : il veillait à la discipline d'écoute et au respect des chefs-d'œuvre. C'est à lui qu'on doit les livrets de *La Création* et des *Saisons* de Haydn, et en 1801, Beethoven lui dédia sa *Première Symphonie*.

Ce culte du profond et du sublime conduisit dans les années 1790 et 1800 l'aristocratie viennoise – par conviction, mais aussi pour se démarquer de la commercialisation et de l'embourgeoisement de la culture musicale ambiante et pour préserver sa position culturelle dominante dans une société très hiérarchisée – à placer consciemment Haydn et Beethoven au-dessus de tous les autres compositeurs, à la seule exception du défunt Mozart, développant ainsi une « esthétique de connaisseurs ». Dans les années après 1800, ces trois compositeurs furent de loin les plus joués, avec derrière eux Luigi Cherubini* ou Anton Eberl*.

La « classe moyenne » réagit différemment, comme le montrent par exemple les programmes moins « audacieux » du théâtre de la Leopold-stadt, situé dans les faubourgs. Une publication de 1811 mentionne cet établissement comme suit : « Le théâtre de la Leopoldstadt attire par ses farces, ses travestis, ses sortilèges et ses représentations de comédies de bas étage, ce en quoi il rivalise avec le Theater an der Wien et, de l'avis de quelques amis des arts habitant les faubourgs, le surclasse en la matière. »

C'est dans ce contexte aristocratique, comme autant d'hommages à un génie reconnu, qu'il faut situer l'action de la Société des Associés en faveur de *La Création* et des *Saisons* de Haydn et l'exclusivité de six mois que le prince Lobkowitz s'assura pour l'*Eroica* de Beethoven, et que débuta la glorification de la trinité Haydn-Mozart-Beethoven, par opposition aux Kozeluch, Dittersdorf (1739-1799), Vanhal (1739-1813) et autres Gyrowetz (1763-1850), leurs contemporains.

La hiérarchisation sociale qui caractérisait alors Vienne est symbolisée notamment par les trois « premières auditions » successives, du « haut » vers le « bas », de l'*Eroica* de Beethoven : vers le 9 juin 1804 en privé chez le prince Lobkowitz, membre de la haute aristocratie, le 15 janvier 1805 en séance semi-publique chez un baron (également banquier) nommé Joseph von Würth, avec l'orchestre renforcé du prince Lobkowitz, aux frais de ce dernier, et devant un auditoire plus vaste fait « de connaisseurs et d'amateurs de toutes les classes cultivées », et enfin en public le 7 avril 1805 au Theater an der Wien, dans le cadre d'un concert organisé par le violoniste virtuose Franz Clement (1780-1842), alors directeur musical de ce théâtre.

L'année suivante, toujours dans le cadre d'un concert organisé par lui, Franz Clement créa au même endroit le concerto en *ré* majeur opus 61 de Beethoven. De même, les deux grands oratorios de Haydn avaient été donnés d'abord en privé chez le prince Schwarzenberg (1798 et 1801), puis en public.

L'*Eroica* suscita pour commencer des réactions partagées, ses détracteurs s'en prenant le plus souvent à sa longueur et à son manque d'unité, mais elle ne fut jamais considérée comme quantité négligeable et s'inscrivit d'emblée, pas seulement pour ses défenseurs, dans la glorieuse tradition de Haydn et Mozart. En témoigne, entre autres documents, une lettre envoyée le 13 février 1805 de Vienne à Leipzig par Griesinger à l'éditeur Christoph Gottfried Härtel (1753-1827), seul directeur depuis 1800 de la maison Breitkopf & Härtel :

Je n'ai pas entendu moi-même la symphonie. [...] Tout ce que je puis vous dire, c'est que la symphonie a été exécutée avec le plus grand succès à deux académies, chez le prince Lobkowitz et chez un amateur très actif nommé Wirth [*recte* Würth]. Les admirateurs de Beethoven, mais aussi ses adversaires, la vantent comme une œuvre géniale ; les uns disent qu'elle va plus loin que Haydn et Mozart, et qu'elle ouvre à la symphonie-poème des horizons plus élevés. Pour les autres, au contraire, l'ensemble manque de cohérence, ils ne voient là qu'un amoncellement de pensées colossales. En de tels cas chacun a raison, tout dépend des idées à partir desquelles on juge une œuvre. Huit jours après celle de Beethoven, on a donné chez Wirth une nouvelle symphonie d'Eberl* [1765-1807], et quinze jours après une de Kanne* [1778-1833]. On a déjà trouvé la première [en *mi* bémol majeur opus 33, dédiée au prince Lobkowitz] fade et misérable, quand à la seconde, elle est tombée à plat. L'auteur, disait-on, doit encore étudier quelques années avant de pouvoir nous régaler, son œuvre est de loin inférieure à celles de Vanhal, de Gyrowetz et d'autres bons maîtres, alors qu'on a déjà du mal à entendre ceux-ci après Haydn et Mozart. Je vous le dis en confiance, car je ne voudrais pas nuire à ce jeune homme. Kanne a assisté en personne à l'enterrement de sa symphonie, et veut maintenant y apporter des modifications substantielles puis la faire éditer chez Hoffmeister.

Deux mois auparavant (29 décembre 1804), dans une autre lettre à Härtel, Griesinger avait décrit en ces termes l'arrivée de Kanne à Vienne :

M. Kanne de Delizsch [Saxe] est maintenant ici. Je l'ai présenté à Haydn, à Beethoven et à d'autres. De son talent, il ne semble pas avoir une piètre opinion, et il compte bien faire fortune ici. Mais ce ne sera pas si facile étant donné la concurrence de tant de vrais grands maîtres. Haydn, Mozart, Vogler*

[1749-1814], Beethoven, Salieri sont ici chez eux ; pour s'imposer, les égaler ne suffit pas, il faut les dépasser.

Toujours en 1805, on put lire dans la *Zeitung für die elegante Welt* : « Le dimanche matin, à l'occasion aussi le vendredi, est habituellement consacré à la vraie musique, qu'ici [à Vienne] on ne perd jamais de vue. On joue d'habitude des quatuors de Haydn, Mozart, Beethoven ou [Andreas] Romberg* [1767-1821], parfois aussi de Vranicky. La plus légère musique de piano de Pleyel [1757-1831], Vanhal, Kozeluch, est complètement passée de mode. Les œuvres de Clementi* [1752-1832], Cramer* [1771-1858], Beethoven, Dussek [1860-1812] ont pris leur place. »

Cinq ans plus tard, au début de son célèbre article sur la *Cinquième Symphonie* de Beethoven paru en 1810 dans l'*Allgemeine Musikalische Zeitung*, E.T.A. Hoffmann* (1776-1822) – pour qui seule la grande musique instrumentale pouvait ouvrir à l'homme « un domaine inconnu n'ayant rien de commun avec le monde extérieur sensible qui [l'entourait] », et lui permettre de « se livrer à l'inexprimable » – considérait les symphonies descriptives de Dittersdorf (celles d'après les *Métamorphoses* d'Ovide) et les ouvrages « à programme » du même genre comme des « dérapages ridicules à sanctionner par un oubli total ». Et dès 1795, le *Jahrbuch der Tonkunst von Wien und Prag* avait vu en Vanhal « un de nos plus anciens compositeurs, mais qui semble chez nous en train de passer de mode. Il n'en va pas de même à l'étranger, où l'on estime toujours beaucoup ses œuvres. Il a énormément écrit, pour la plupart des instruments. Mais depuis assez longtemps, il n'a rien publié de nouveau, comme s'il voulait se livrer de lui-même à l'oubli ».

Ainsi se trouva renforcée à Vienne l'idée, déjà défendue par Carl Philipp Emanuel Bach, Gluck ou tel porte-parole de la Révolution française, selon laquelle la musique devait servir non plus seulement à divertir, à réunir amateurs et professionnels et à faire se rencontrer des représentants de classes sociales différentes, mais aussi et surtout à édifier, à instruire ; ainsi naquit pour la musique, au sein de l'élite, une idéologie du sérieux et de la grandeur, du génie et du chef-d'œuvre qui, avec comme figure de proue Beethoven, devait baigner tout le XIXᵉ siècle ; ainsi vit-on en Beethoven, dont contrairement à celles de Mozart et Haydn, les œuvres devaient être glorifiées au XIXᵉ siècle pratiquement sans aucune distinction, quels que soient leur genre ou leur date de composition, l'aboutissement d'une tradition de compositeurs remontant à Haydn et Mozart et même, au-delà, à Bach et Haendel. En citant Bach et Haendel parmi les « grands ancêtres », on finit par se placer sur un plan national, voir nationaliste, plutôt que strictement musical, mais on célébrait du même coup la musique allemande dans son ensemble, qu'elle fût du Nord protestant ou du Sud catholique.

Vers 1770 au contraire, le Nord et le Sud s'étaient rudement opposés, l'Allemagne du Nord (Berlin) reprochant à la « nouvelle musique » du Sud (Vienne) ses fautes d'écriture, ses insuffisances techniques, son ignorance du style savant, ses tournures populaires, voire plébéiennes, son usage de très courts motifs et non de vastes mélodies, ses passages abrupts de la comédie à la tragédie et vice-versa, etc. Autant de signes, selon le Nord, d'un avilissement de l'art dont Haydn était tenu pour le principal responsable. Vers 1800, les points de vue s'étaient nettement rapprochés, et Beethoven avait déjà largement fait siens les traits de style haydniens qui trente ans auparavant avaient choqué les censeurs de Berlin, Hambourg ou Leipzig.

Des hommes comme Nikolaus Forkel* (1749-1818) à Göttingen ou comme Carl Friedrich Zelter* (1738-1832) à Berlin étaient tout à fait représentatifs de ce nouvel état d'esprit. Élève de Zelter dans la capitale prussienne, Mendelssohn

(1809-1847) fut de façon significative le premier grand compositeur de l'histoire de la musique confronté dès son plus jeune âge aussi bien à Bach qu'aux Viennois, en particulier à Beethoven. Et c'est ainsi qu'en 1810, on put lire au début des *Notices biographiques* de Griesinger* : « Par sa mort [celle de Haydn], l'*Allemagne* [c'est nous qui soulignons] souffre à nouveau une perte *nationale* » [c'est encore nous qui soulignons]. Le 11 janvier 1794, Haydn lui-même avait écrit à son filleul Joseph Weigl* après avoir assisté une semaine avant son second départ pour Londres à la première de son opéra *La principessa d'Amalfi* « Continuez, cher filleul, à cultiver ce style authentique, afin de persuader une fois de plus l'étranger de ce dont un *Allemand* [c'est toujours nous qui soulignons] est capable. » Pour toutes ces raisons, après avoir célébré les œuvres de Haydn, on se mit aussi vers 1800 à vénérer sa personne, ce qui fit de lui, avant Beethoven, le premier compositeur considéré de son vivant comme une sorte de grand prêtre laïque. De là au culte parfois hors de toute mesure d'un Beethoven, puis d'un Wagner, et à la mise de ces deux compositeurs au service d'idéologies et de courants politiques les plus divers, voire antagonistes, il n'y avait qu'un pas, qui bien souvent fut franchi.

Les 22 et 23 décembre 1801, Haydn dirigea en personne *Les Saisons* aux concerts de Noël de la Tonkünstler-Societät et le 27 *La Création* au bénéfice de l'hôpital des pauvres du quartier St. Marx à Vienne, qui put ainsi encaisser environ 8 000 florins. C'était la première fois qu'on entendait ces deux oratorios immédiatement l'un après l'autre, et le 29, Griesinger enthousiasmé adressa Härtel à Leipzig une lettre témoignant à la fois de la dimension pédagogique et morale universelle désormais attribuée à la « grande musique » et du rôle primordial joué par Haydn dans cette évolution : « Sans doute n'est-il pas superflu d'évoquer l'influence que peuvent avoir de telles œuvres sur l'éducation artistique et morale d'une nation. Jamais aucun prédicateur de retrouvera dans ses descriptions de la grandeur du Créateur, de Ses ouvrages et de Ses bienfaits, ni dans ses efforts pour nous faire dépasser notre condition matérielle, la force persuasive de l'effet combiné de la poésie et de la musique dans *La Création* et *Les Saisons*. C'est pourquoi ces deux œuvres se prêtent si bien à des exécutions au bénéfice d'organisations charitables. [...] Un art qui pour beaucoup se réduit à un simple chatouillement d'oreille sera ainsi ressenti par les

générations futures comme une véritable béné-
diction. »

C'est dans ce contexte qu'il convient d'exami-
ner les premières auditions de l'*Eroica* de Beethoven et les réactions qu'elles provoquèrent.
Ceux qui au sein du monde musical viennois
donnaient le ton attendaient alors consciemment
de nouvelles « grandes » œuvres capables elles
aussi d'assurer à la musique une place dans les
mouvements intellectuels de l'époque. L'intervalle de plusieurs mois séparant la première audition privée chez Lobkowitz (juin 1804) de la
première publique (avril 1805), et au cours
duquel eurent lieu d'autres auditions privées ou
semi-publiques, ne put que susciter chez beaucoup de ceux qui en avaient été exclus curiosité
et impatience : publicité appréciable, d'autant
qu'on n'en était plus à l'époque où l'exécution
d'une symphonie même nouvelle relevait
presque de la vie quotidienne et n'avait pas
encore, aux yeux du « public », l'importance
d'une première d'opéra.

Avec l'*Eroica* s'ouvrit en matière de symphonies le XIXᵉ siècle, période où de tels ouvrages,
dans la mesure où ils témoignaient d'un mini-
mum d'ambition, étaient considérés comme rele-
vant du débat d'idées, comme devant contribuer
aux controverses intellectuelles, voire philoso-
phiques, du temps et exercer leur impact au-delà

de l'instant présent. Ce que Haydn avait accompli à Vienne pour l'oratorio, Beethoven le poursuivit dans le domaine de la « grande » symphonie.

La première exécution de l'*Eroica* à Leipzig, ville bourgeoise par excellence où le compositeur, pédagogue et critique Johann Adam Hiller (1728-1804) avait joué quatre décennies durant un rôle comparable à celui de Van Swieten à Vienne, eut lieu le 29 janvier 1807 dans la salle du Gewandhaus construite en 1781. Elle fut suivie dans l'*Allgemeine Musikalische Zeitung* du 18 février d'un long article dû à Johann Friedrich Rochlitz* (1769-1842), son rédacteur en chef depuis sa fondation en 1798 : il s'agissait d'un compte rendu non de ce concert, mais de l'édition de l'ouvrage, tout juste intervenue à Vienne au Bureau des Arts et d'Industrie. C'est néanmoins Rochlitz qui en toute probabilité avait été à l'origine du concert du 29 janvier 1807. Pendant exactement un demi-siècle, jusqu'à sa disparition en 1848, l'*Allgemeine Musikalische Zeitung* eut à cœur, comme auparavant nul autre journal musical, et avec le concours de nombreux collaborateurs et correspondants, de familiariser avec « l'objet de culture musique » un vaste public de connaisseurs et d'amateurs. Rochlitz, qui écrivit dans cet hebdomadaire jusqu'en 1835, y fut pour beaucoup, avec des opinions bien précises. Pour lui, la musique devait – au même titre qu'avant elle les autres arts et les sciences – contribuer à préserver l'identité nationale et à développer l'éducation au sens large. Il fut tout naturellement conduit, comme bien d'autres à l'époque, à distinguer la profondeur des compositeurs allemands – Johann Sebastian et Carl Philipp Emanuel Bach, Haydn, Mozart, Beethoven – du caractère immanquablement superficiel des opéras italiens à la mode.

Modèle de rhétorique, l'article de Rochlitz du 18 février 1807 – étalé sur près de seize colonnes et doté de quinze exemples musicaux – reflète dès sa première phrase une conviction inébranlable : la génialité de Beethoven et la grandeur unique de l'*Eroica* sont des faits avérés dont il n'y a pas lieu de discuter. « De cette œuvre extraordinaire et colossale, la plus vaste et artistiquement la plus riche de toutes celles créées par l'esprit original et merveilleux de Beethoven, il a déjà été question plusieurs fois et de diverses manières dans ces colonnes. Nos lecteurs ont d'abord été informés, par des nouvelles venues de Vienne, de son existence et de sa configuration générale, ainsi que de l'impression produite sur le public par diverses exécutions dans cette ville. [...] Ses particularités et sa richesse de contenu semblent *maintenant* [c'est Rochlitz qui souligne] exiger une étude sérieuse de ses aspects techniques. [...] Il est donc nécessaire de suivre l'auteur dans le moindre détail, pas à pas, démarche que la solidité de facture de cette composition appelle d'elle-même et qui, si elle avait besoin d'une justification, la trouverait dans l'utilité qu'ont de telles analyses pour un jeune artiste, et dans le plaisir accru que les amateurs cultivés ne manqueront pas ensuite de retirer d'une [nouvelle] écoute de l'œuvre. »

Ainsi, poursuivit Rochlitz, les auditeurs seront en mesure, au lieu de se fier à des sentiments imprécis et douteux, de se forger un jugement reposant sur une « analyse » solide et sérieuse des « aspects techniques et mécaniques » de l'ouvrage. À ceux qui « ne lisent que pour se distraire », de telles analyses apporteront sans doute assez peu, elles pourront même leur paraître sèches, mais c'est inévitable, car cela réside dans la chose elle-même. Pourquoi vouloir à tout prix être distrait ? » Et à propos du premier mouvement : « Du peu qui vient d'être dit, il ressort que malgré sa longueur, cet Allegro atteint une unité qui force l'admiration, et aussi que la richesse des moyens, ainsi que l'expérience artistique et l'originalité qui se manifestent dans leur mise en œuvre, produisent un effet qu'on ne retrouve que très rarement dans les ouvrages de ce genre, effet que ceux qui ne connaissent ce style que de loin, ou même pas du tout, considèrent trop souvent comme impossible à atteindre. »

Dans un compte rendu du concert du 29 janvier paru dans l'*Allgemeine Musikalische Zeitung* du 29 avril 1807, on put lire notamment : « On avait attiré l'attention de l'auditoire aussi bien par une annonce spéciale sur les billets ordinaires que par une brève description de chacun des mouvements tenant largement compte des effets voulus par le compositeur sur les sentiments, et on l'avait préparé, dans la mesure du possible, à attendre exactement ce qui lui était offert. Ces objectifs ont été pleinement réalisés. Les amis des arts les plus cultivés de la ville étaient rassemblés en très grand nombre, une tension vraiment solennelle et un silence de mort régnaient et se sont maintenus non seulement durant la première exécution (d'une durée, comme on sait, de près d'une heure), mais aussi pendant les deuxième et troisième, qui à la demande générale ont suivi en peu de semaines ; chaque mouvement a agi comme prévu, et à la fin du tout, un enthousiasme entièrement justifié a chaque fois donné naissance à de bruyants applaudissements. Poussés uniquement par leur sens de l'honneur et par la jouissance que leur procurait l'œuvre elle-même, les membres de l'orchestre s'étaient volontairement et sans contrepartie retrouvés pour des répétitions exceptionnelles ; la symphonie avait alors été distribuée en partition, pour qu'on puisse observer jusqu'au plus infime détail, et pénétrer plus sûrement, la pensée et les intentions du compositeur. »

Les concerts à Vienne

Vienne, où la culture musicale aristocratique subsista plus longtemps qu'à Paris ou à Londres, n'abritait dans ses murs, aux alentours de 1800, aucun personnage jouant le même rôle qu'à Londres un Johann Peter Salomon (1745-1815), le violoniste et impresario qui à la fin de 1790, largement pour son propre compte, avait réussi à attirer Haydn dans la capitale britannique et à le faire participer à des concerts par abonnement, c'est-à-dire à une entreprise commerciale.

ORGANISATION GÉNÉRALE

Contrairement à Paris, Londres ou Leipzig, la capitale autrichienne ne possédait encore au tournant du siècle, malgré l'augmentation du nombre des concerts publics, ni orchestres spécialisés dans la musique instrumentale, ni salles de concert proprement dites, ni concerts d'orchestre par abonnement. Dans les années 1780, du temps de Mozart, des concerts par abonnement y avaient existé, tels ceux organisés par intermittence de 1781 à 1791, dans la salle de restaurant et de bal « zur Mehlgrube », puis à l'Augarten, par un certain Philipp Jakob Martin. De cette entreprise, on ne sait pratiquement rien, sinon ce que Mozart raconta dans ses lettres. Mozart lui aussi avait organisé à la Mehlgrube des concerts par abonnement durant le carême de 1785. Mais ce type de manifestation n'avait alors jamais acquis à Vienne une position dominante, comme à Paris jusqu'en 1790 le Concert Spirituel, à Londres de 1765 à 1782 les concerts Bach-Abel, puis à partir de 1783 le Professional Concert et plus tard ceux de Salomon, voire à Leipzig, à partir de 1781, les concerts du Gewandhaus. À Vienne vers 1800, les concerts privés et les salons musicaux occupaient toujours le devant de la scène, à un degré qu'on ne retrouvait dans aucune autre capitale européenne.

Les concerts publics se déroulaient dans les théâtres lorsqu'ils faisaient relâche, ou alors soit dans des salles privées ou publiques non spécialisées, parmi lesquelles divers restaurants faisant aussi salle de bal, comme celui tenu par Ignaz Jahn dans la Himmelpfortgasse (Mozart y avait interprété le 4 mars 1791 son concerto pour piano en *si* bémol majeur n° 27 KV 595), soit dans des jardins, comme celui du Belvédère et surtout l'Augarten (ouvert au public par Joseph II en 1775), soit à la rigueur dans des églises, cela sans oublier les sérénades en plein air. Mais le fait, pour certains concerts publics, de se tenir dans un restaurant, une salle de bal ou un jardin, lieux fréquentés davantage par la bourgeoisie ou le « peuple » que par l'aristocratie, tendait à renforcer leur côté « divertissement », et par voie de conséquence à brouiller les frontières entre concerts publics et privés.

À propos de l'Augarten, on put lire dans le journal berlinois *Der Freimüthige* (correspondance de Vienne datée du 1er août 1803) : « Ce jardin [...] m'a souvent valu de grandes joies, en particulier lorsque par un matin frais et clair M. Schuppanzigh donne ses concerts dans sa salle. [...] Se rassemblent en de telles occasions tous ceux qui, dans les classes moyennes, souhaitent associer le plaisir d'un beau matin à l'Augarten à une musique en général bien choisie et bien exécutée. »

Le restaurant Jahn comprenait une salle pour les bals et les concerts ainsi que des petites pièces adjacentes. Le 11 avril 1804, l'*Allgemeine Musikalische Zeitung* souligna les inconvénients de la salle : « Elle n'est pas assez haute, et aussi trop petite, de sorte que la musique n'y produit pas tout son effet, en outre, elle ne peut contenir au maximum que 400 auditeurs. » Selon la documentation disponible, la salle Jahn servit pour la dernière fois le 28 mars 1806, pour un concert du violoniste Joseph Mayseder (1789-1863) avec notamment un concerto de ce dernier, une symphonie de Haydn, un concerto pour piano de Mozart et l'ouverture de *Lodoïska* de Cherubini. Beethoven s'y produisit au moins deux fois : le 6 avril 1797, il joua lors d'un concert au bénéfice de Schuppanzigh la partie de piano de son quintette pour piano et vents en *mi* bémol majeur opus 16, et le 29 mars 1798, accompagné par Schuppanzigh, celle d'une de ses sonates pour piano et violon opus 12. Le concert était cette fois au bénéfice de la chanteuse Josepha Duschek (1754-1824), qui accompagnée au cor de basset par Anton Stadler* chanta l'air « Non piu di fiori » de *La Clemenza di Tito* de Mozart. À l'Augarten, Beethoven créa le 24 mai 1803 avec le violoniste mulâtre George Polgreen Bridgetower* (1778-1860) sa célèbre *Sonate à Kreutzer* (en *la* mineur opus 47).

Les orchestres susceptibles d'être utilisés pour des concerts publics étaient attachés aux théâtres. Quand ils n'étaient par organisés par des mécènes ou par la Tonkünstler-Societät, ces concerts devaient l'être, avec les embarras et les risques financiers que cela impliquait pour eux, par les interprètes ou par les compositeurs eux-mêmes. Après avoir demandé (n'importe qui pouvait le faire) et obtenu les autorisations nécessaires, en particulier de la police, ils pouvaient engager, s'ils étaient libres, les musiciens des théâtres, ou constituer un orchestre avec des professionnels et des amateurs. Beethoven procéda ainsi pour la première fois le 2 avril 1800, donnant un concert qui vit notamment la création au Burgtheater, l'un des deux théâtres impériaux, de sa *Première Symphonie* (en *ut* majeur opus 21).

De beaucoup de concerts, privés ou publics, d'abonnement ou organisés par tel ou tel interprète ou compositeur, on ne sait qu'une chose : qu'ils ont eu lieu. Beaucoup d'autres se sont déroulés sans laisser la moindre trace. Pour les questions purement statistiques, les archives de la police auraient pu être utiles si elles n'avaient pas brûlé lors de l'incendie du palais de justice de Vienne en 1927. La documentation disponible n'est pas centralisée, mais répartie entre diverses publications, divers comptes rendus, ou encore divers journaux imprimés ou manuscrits. Parmi les journaux manuscrits, les plus importants sont ceux tenus par le comte Zinzendorf* et par Carl

Joseph Rosenbaum* : heureusement, car cela nous permet d'en savoir davantage, ils ne fréquentaient pas les mêmes lieux, Zinzendorf appartenant à la haute aristocratie et Rosenbaum à la bourgeoisie cultivée. Après l'une de ses rares visites à l'Augarten, Zinzendorf nota le 3 mai 1801 de manière significative : « Après 9 heures à l'Augarten musique. Beaucoup de bourgeoisie. »

La situation est encore plus défavorable en ce qui concerne les programmes, le nombre et la qualité des assistants, les prix d'entrée, etc. La distribution de programmes aux auditeurs ne devint monnaie courante qu'en plein XIXe siècle, et c'est pour ainsi dire par miracle qu'ont survécu quelques programmes et affiches remontant au XVIIIe.

De plus, ce n'est qu'après 1800 que les œuvres commencèrent à être désignées par leurs tonalités. Lorsque aujourd'hui on lit « un » concerto de Mozart ou « une nouvelle » symphonie de Haydn, il n'est pas toujours possible de savoir de quel ouvrage il s'agit. À la fin de 1804, nous apprend l'*Allgemeine Musikalische Zeitung*, la pianiste française Marie Bigot de Morogues* (1786-1820), native de Colmar, joua au restaurant Jahn un concerto en *ut* majeur de Mozart : était-ce le n° 21 KV 467 ou (plus vraisemblablement) le n° 25 KV 503 ? Une description assez précise du début de son finale par un correspondant viennois de l'*Allgemeine Musikalische Zeitung* indique en revanche que la symphonie de Haydn entendue le 5 avril 1799 chez le comte Fries était celle en *si* bémol majeur n° 102. Présent à cette soirée, Zinzendorf ne nota dans son journal que « Symphonie de Haydn ».

Depuis 1774, en vertu d'un décret impérial, aucune représentation ne pouvait avoir lieu dans les théâtres les jours de fête religieuse et la veille au soir, entre le 16 et le 24 décembre durant l'avent, dans les cinq semaines de carême précédant Pâques, et la veille et l'anniversaire du jour où le dernier empereur avait rendu l'âme. On ne pouvait ces jours-là – appelés *spielfreie Tage* (jours sans représentation) – donner aucune pièce de théâtre ni aucun opéra mais, sauf durant le carême, les concerts étaient autorisés. Les demandes d'autorisation avaient donc tendance à se concentrer sur les *spielfreie Tage*. Or, étant donné que les représentations théâtrales et d'opéra rapportaient davantage que les concerts, les directeurs de théâtres publics ou privés cherchèrent à réduire autant que possible le nombre de ces *spielfreie Tage*, ce qui finit par se produire dans les années 1790, rendant encore plus difficile l'organisation de concerts.

En 1794, les deux théâtres impériaux, à savoir le Burgtheater – inauguré en 1741 et où avaient été créés, en 1786 et 1790 respectivement, *Le Nozze di Figaro* (1786) et *Cosi fan tutte* de Mozart – et le Kärntnerthortheater (Théâtre de la Porte de Carinthie), furent cédés à bail au baron mélomane Peter von Braun* (1758-1819). La cour continua en principe à exercer son contrôle, et l'empereur à contribuer de ses deniers à la marche des deux établissements, mais en réalité, les questions administratives, artistiques et financières ne dépendirent désormais que du seul baron Braun. Son contrat l'autorisait à organiser librement « des bals non masqués, des concerts spirituels et autres divertissements du même genre », mais son arrivée porta un coup sévère aux concerts donnés indépendamment par les musiciens et les virtuoses. Braun, qui devait rester en poste jusqu'au 1er janvier 1807, répondit en effet le plus souvent défavorablement à leurs demandes : pour les raisons évoquées ci-dessus, mais sans doute aussi parce qu'il voulut éviter de se charger d'un travail supplémentaire. Il pouvait au demeurant, comme ses divers collègues, faire valoir qu'en tant que responsable de deux théâtres, sa préoccupation principale devait être la production de pièces et d'opéras, non de concerts. Seuls la pianiste Josepha Auernhammer (1758-1820), ancienne élève et partenaire de Mozart, et quelques musiciens pour la plupart attachés à la cour, purent sous son mandat utiliser relativement régulièrement le Burgtheater, et quelques concerts seulement vinrent dorénavant s'ajouter chaque année aux quatre manifestations de la Tonkünstler-Societät et à celles, encore moins fréquentes, organisées au bénéfice des pauvres des théâtres.

Les concerts de Josepha Auernhammer au Burgtheater, faits de pages à la fois instrumentales et vocales, se succédèrent au rythme d'en moyenne un par an, elle-même se produisant chaque fois comme pianiste dans un concerto identifiable ou non ou dans des variations de son propre cru sur tel ou tel air à la mode. Ils eurent lieu les 25 mars 1795 (avec notamment une symphonie de Gyrowetz et celle en *sol* majeur n° 94 dite *La Surprise* de Haydn), 4 avril 1796, 5 avril 1797 (avec notamment une symphonie et un concerto pour piano de Mozart), 25 mars 1799, 25 mars 1801, 25 mars 1802 (avec notamment un des deux premiers concertos de Beethoven), 25 mars 1803 (avec notamment l'ouverture de *Prométhée* de Beethoven et un concerto pour piano d'Anton Eberl, peut-être celui en *ut* majeur opus 32), 2 mars 1804 (avec notamment le concerto en *mi* bémol majeur opus 40 d'Eberl), 25 mars 1805 (avec notamment un concerto pour cor et le concerto pour piano en *ré* mineur n° 20 KV 466 de Mozart) et 25 mars

1806 (avec notamment le concerto en *ut* mineur n° 3 opus 37 de Beethoven et un concerto pour violon de Franz Clement). Le grand événement au Burgtheater durant cette période fut évidemment la première publique de *La Création* de Haydn, sous la direction de l'auteur, le 19 mars 1799. Pour le nombre d'exécutions, cette œuvre battit tous les records à Vienne : une trentaine jusqu'en 1808-1809, avant 1803 le plus souvent sous la direction du compositeur lui-même. Le 28 mars 1800, toujours au Burgtheater, on entendit pour la première fois en public, lors d'un concert d'Anton Weidinger (1767-1852), trompettiste de l'orchestre de la cour, le concerto pour trompette de Haydn. Au même programme, quatre symphonies dont trois de Haydn, un air et un duo de Mozart, un air avec accompagnement de trompette de Franz Xaver Süssmayr (1766-1803), que le *Jahrbuch der Tonkunst von Wien und Prag* avait présenté comme « un élève de Mozart très estimé de ce dernier et ayant mis la dernière main à quelques œuvres inachevées de ce grand génie », et un sextuor pour deux trompettistes, un bassoniste, deux clarinettistes et un timbalier jouant de quatre timbales d'un certain Ferdinand Kauer.

Du concert que Beethoven offrit le 2 avril 1800, soit cinq jours plus tard, l'*Allgemeine Musikalische Zeitung* rendit compte le 15 octobre dans le cadre d'un vaste article consacré à la vie musicale à Vienne :

Finalement, Herr Beethoven a pu obtenir la libre disposition du théâtre, et ce fut l'académie la plus intéressante depuis longtemps. Il a joué un nouveau concerto de sa composition [une version primitive de celui en *ut* majeur n° 1 opus 15] qui contient beaucoup de belles choses, en particulier les deux premiers mouvements. Puis on a donné un septuor de lui [l'opus 20 en *mi* bémol majeur, déjà donné à un concert de Schuppanzigh le 20 décembre 1799 et sans doute aussi chez le prince Schwarzenberg], écrit avec beaucoup de goût et de sentiment. Il a ensuite improvisé avec maîtrise [selon la tradition sur l'hymne autrichien *Gott erhalte Franz den Kaiser* composé par Haydn en 1797], et pour finir on a donné une symphonie de lui témoignant de beaucoup d'art, de nouveauté et d'invention. Mais les parties de vent étaient surchargées, ce qui faisait penser à un orchestre d'harmonie plutôt qu'à un orchestre habituel. Sans doute nous rendrons-nous utiles en faisant sur cette académie les remarques suivantes. L'orchestre de l'opéra italien [du Burgthater] ne s'est pas, et de loin, montré à son avantage. Première raison : querelle en ce qui concerne le chef. Beethoven, et il n'avait pas tort, estimait que personne ne méritait davantage que Herr Wranitzky [Pavel Vranicky] de s'en voir confier la conduite à la place de Herr [Giacomo] Conti [1752-1805]. Ces messieurs ont refusé de jouer sous sa direction. Les défauts de cet orchestre, déjà dénoncés plus haut, se sont donc manifestés avec d'autant plus d'évidence que l'œuvre de Beethoven est difficile à jouer. Dans les accompagnements, ils n'ont pas cru devoir tenir compte du soliste. D'un accompagnement nuancé, d'un respect [...] du soliste, [...] pas la moindre trace. Dans la deuxième partie de la symphonie, une négligence telle qu'ils n'ont même pas suivi la battue : d'où, en particulier chez les vents, un jeu sans la moindre étincelle de vie. Dans ces conditions, à quoi bon leur expérience ? (Et Dieu sait que, sur ce plan, les membres de cette association n'ont pour la plupart rien à envier à personne.) Et quel effet attendre de l'œuvre même la plus parfaite ?

Ce concert était exceptionnel non par sa longueur, mais par la qualité de toutes les œuvres présentées. Il comprenait en effet également une symphonie de Mozart et un air et un duo de *La Création* de Haydn : Beethoven n'avait souffert à ses côtés, comme compositeurs, que ses deux grands prédécesseurs. Pavel Vranicky (Paul Wranitzky) devait pour sa part être un bon chef d'orchestre, ou plutôt un bon premier violon, car trois mois auparavant, dans la perspective de deux exécutions de *La Création* lors des concerts de Noël de la Tonkünstler-Societät au Burgtheater (22 et 23 décembre 1799), Haydn avait posé trois conditions avant d'accepter de diriger : que Paul Wranitzky soit à la tête des premiers violons, que les chœurs et l'orchestre aient les mêmes effectifs (environ deux cents musiciens) et la même disposition (en amphithéâtre et en gradins) que le 19 mars, jour de la première publique, et qu'un livret soit distribué gratuitement. Quant à la remarque selon laquelle « les parties de vent étaient surchargées », il faut tenir compte du fait que par rapport aux cordes, les instruments à vent étaient à l'époque plus sonores que de nos jours, ce qui d'ailleurs n'enlève rien à l'originalité de l'orchestration de Beethoven.

Encouragé par le succès remporté, Beethoven voulut renouveler l'expérience un an, puis deux ans plus tard. Il essuya chaque fois un échec, ce dont témoigne la genèse de sa *Deuxième Symphonie*. Les premières esquisses de cette œuvre se trouvent dans le carnet d'esquisses « Landsberg 7 », utilisé par Beethoven de la fin de l'été ou du début de l'automne 1800 à mars 1801. Le compositeur abandonna alors sa symphonie au bénéfice du ballet *Les Créatures de Prométhée*, représenté pour la première fois le 28 mars 1801. Un autre concert prévu pour avril 1802 fut lui aussi annulé, et comme par hasard, on trouve dans le cahier d'esquisses « Kessler », utilisé par Beethoven à partir de décembre 1801 environ, des esquisses pour le finale de la *Deuxième Symphonie*. Ce projet avorté est confirmé par une lettre de Carl von Beethoven (1774-1815), frère de Ludwig, à l'éditeur Härtel (22 avril 1802) : « Mon frère vous aurait volontiers écrit lui-même, mais il est en colère contre tous et contre tout, car le directeur du théâtre, le baron von Braun, qui, comme chacun sait, est un individu stupide et mal élevé, lui a refusé l'utilisation du théâtre pour son concert et l'a accordée à d'autres artistes vraiment médiocres. C'est sûrement très vexant pour lui de se voir traité avec une telle mesquinerie, d'autant que le baron n'avait aucune raison d'agir ainsi et que mon frère a dédié plusieurs œuvres à sa femme [les deux sonates pour piano en *mi* majeur et *sol* majeur opus 14 en 1799 et la sonate pour cor et piano en *fa* majeur opus 17 en 1801]. » On peut penser que si les circonstances avaient été autres, Beethoven aurait laissé une ou deux symphonies de plus. Haydn pour sa part n'en composa aucune après son retour définitif à Vienne en 1795.

Une des flèches lancées au nom de son frère Ludwig par Carl von Beethoven contre les « artistes vraiment médiocres » était certainement destinée à Josepha Auernhammer, protégée du baron Braun et souvent – en partie pour cette raison ? – assez malmenée par la critique.

Dans le *Wiener Journal für Theater, Musik und Mode* du 15 avril 1806, on put lire : « Madame Auernhammer a joué le concerto de Beethoven [n° 3 en *ut* mineur opus 37] d'une façon générale pas mal du tout. On aurait cependant souhaité ici et là davantage de précision, et spécialement dans l'Adagio davantage d'expression et de sentiment. On a trouvé particulièrement satisfaisant le grand duo de Steibelt* [1765-1823] qu'elle a joué avec [sa fille] Demoiselle Auernhammer. En ce qui concerne les variations qu'elle a composées sur un thème de *Prométhée* de Beethoven, on a regretté le caractère peu mélodique du thème, et par voie de conséquence un manque d'unité faisant plutôt de l'ensemble une sorte de fantaisie. Cette pièce n'a pas intéressé du tout. »

Et dans la *Zeitung für die elegante Welt* le 3 mai suivant : « Une fois de plus, comme tous les ans, Mme Auernhammer a obtenu de son directeur, qui en vérité lui veut du bien, la permission d'utiliser pour son concert le Théâtre de Cour Impérial et Royal. Malheureusement, elle a choisi le grand concerto en *ut* mineur de Van Beethoven. Elle s'est tirée assez facilement de la partie de main droite, mais de sa main gauche, elle a glissé en silence par-ci par-là le long des notes sans les toucher, de sorte que pour la première fois, nous avons entendu au pianoforte un concerto pour une seule main. Profitons de l'occasion pour demander pourquoi, au lieu de le laisser fermé et inutilisé, on ne loue par ce théâtre à nos grands maîtres, tels Beethoven, Eberl et d'autres ? Pourquoi le destin de tant d'artistes excellant dans les domaines les plus divers doit-il dépendre de l'humeur d'un seul ? »

D'autres commentateurs avaient eux aussi du mal à comprendre et à admettre une telle situation. Ce fut le cas, au début de 1804, d'un des correspondants à Vienne de l'*Allgemeine Musikalische Zeitung* : « Il est étonnant que dans cette splendide cité impériale, où la passion pour la musique est cultivée au plus haut degré, n'existe aucune salle de concert convenable, ni dotée d'une acoustique favorable, ni capable d'accueillir un nombre appréciable d'auditeurs. Jusqu'à présent, les artistes souhaitant faire étalage de leur science doivent se contenter [des deux théâtres impériaux], de la salle de la Redoute ou de la salle Jahn. Les deux théâtres sont extrêmement difficiles à obtenir, c'est même virtuellement impossible sans l'intervention du baron Braun. J'en ignore la raison. »

Ce n'est que 5 avril que Beethoven put organiser un deuxième concert à son bénéfice, dans un théâtre qui cette fois ne dépendait pas du baron Braun : le Theater an der Wien, dirigé depuis son inauguration le 13 juin 1801 par Emanuel Schikaneder (1751-1812), le librettiste de *La Flûte enchantée*. En 1791, cet opéra de Mozart avait été créé au Theater auf der Wieden (ou Freihaustheater), établissement dont Schikaneder conserva la responsabilité artistique jusqu'à sa fermeture le 12 juin 1801, veille de l'ouverture du Theater an der Wien.

Deux mois avant le concert du 5 avril 1803, souhaitant le voir composer pour lui des opéras, Schikaneder avait engagé Beethoven comme compositeur en résidence au Theater an der Wien : d'où, pour ce dernier, la possibilité longtemps attendue de donner un deuxième concert. Cette manifestation lui rapporta 1 800 florins, somme qui pouvait lui permettre de vivre deux ans sans soucis financiers. Beethoven entreprit bientôt l'opéra *Vestas Feuer*, sur un livret de Schikaneder, mais, préoccupé notamment par l'*Eroica* et peu intéressé par le sujet, il abandonna cet ouvrage à la fin de l'année après n'avoir composé que deux scènes. Des théâtres actuellement en activité à Vienne, le Theater an der Wien est le plus ancien, et le seul remontant à l'époque Haydn-Beethoven. Le 27 octobre 1798, dans le cadre d'un concert de la basse Johann Ludwig Fischer (1745-1825), créateur en 1782 du rôle d'Osmin dans *L'Enlèvement au sérail* de Mozart, Beethoven y avait interprété « au pianoforte un concerto de sa propre composition » (un de ses deux premiers dans une version primitive). Fischer avait alors chanté un air de Vincenzo Righini (1756-1812) et (précédé de l'ouverture) l'air de Sarastro « In diesen heil'gen Hallen » de *La Flûte enchantée*. On avait entendu également une « nouvelle » symphonie d'Ignaz von Seyfried* (1776-1841) et une de Haydn « aimée de tous », très vraisemblablement *La Surprise*. Accompagné de son frère Michael (1737-1806), venu de Salzbourg pour un séjour de trois mois à Vienne, Haydn avait assisté à ce concert.

Le 5 avril 1803, Beethoven dirigea au Theater an der Wien sa *Première Symphonie*, qu'on n'avait pas entendue depuis trois ans, ainsi que, en premières auditions, sa *Deuxième Symphonie* (en *ré* majeur opus 36), son *Troisième Concerto* pour piano (en *ut* mineur opus 37) et, dans une version différente de celle publiée en 1811 comme opus 85, son oratorio *Le Christ au mont des Oliviers*. Avec cette dernière œuvre, Beethoven se présentait pour la première fois en public comme compositeur dramatique, et abordait un genre qui venait de valoir à Haydn ses plus grands triomphes.

Et de fait, on put lire dans la *Zeitung für die elegante Welt* du 16 avril à propos du *Christ au mont des Oliviers* : « Dans l'ensemble, la musique de Beethoven était bonne, avec quelques passages remarquables. [...] Plusieurs auditeurs ont dit avoir retrouvé dans le chœur final quelques idées de *La Création* de Haydn. » Une telle remarque n'était pas faite pour plaire à Beethoven. Il y eut même pire, ou presque, comme en témoigne cet extrait du journal de Rosenbaum : « Mardi 5 [...] Chez [Johann Nepomuk] Fuchs* [1766-1839], avons parlé de l'exécution, prévue pour aujourd'hui, de la cantate de Beethoven *Christus am Ölberg*, elle sera sûrement peu satisfaisante, car Braun utilise les deux orchestres [ceux des théâtres impériaux] au B[urg] Th[eater] pour *La Création* au bénéfice des pauvres des théâtres. » Que le concert de Beethoven soit intervenu un jour où les meilleurs musiciens de Vienne interprétaient *La Création* fut certainement l'effet du hasard, mais ce hasard fit mal les choses : il rendit en effet plus encore périlleuse pour *Le Christ au mont des Oliviers* l'inévitable comparaison avec *La Création* tout en nuisant, ainsi que le précise Rosenbaum, à la qualité d'exécution des quatre œuvres de Beethoven, qui eut ainsi des raisons supplémentaires d'en vouloir à Haydn. Un autre témoin, le compositeur Paul Struck* (1776-1820), écrivit : « Bien sûr, Beethoven a de nombreux ennemis, mais personne ne parle plus de son académie, et l'oratorio ne sera plus donné. Beethoven lui-même s'est excusé en disant qu'il l'avait composé trop vite. » Le *Troisième Concerto* parut en 1804 avec une dédicace au prince Louis Ferdinand de Prusse.

Beethoven avait donc tout à intérêt à continuer à cultiver ses relations avec la haute aristocratie. Après son concert du 5 avril 1803, il travailla sérieusement à l'*Eroica*, œuvre pour la diffusion de laquelle, on l'a vu, le prince Lobkowitz joua un rôle déterminant. Quelques années plus tard, la situation avait peu évolué, comme le montre l'information suivante, parue dans l'*Allgemeine Musikalische Zeitung* du 18 mars 1807 : « La grande symphonie en *mi* bémol [l'*Eroica*] de Beethoven [...] sera donnée prochainement avec les deux autres symphonies (en *ut* et en *ré*) de ce compositeur et avec une quatrième symphonie de lui [en *si* bémol majeur opus 60] encore tout à fait inconnue, devant une assistance très choisie qui a très largement souscrit au bénéfice de l'auteur. »
Dans le palais viennois du prince Lobkowitz, décidément fou de musique, eut effectivement

lieu vers cette date un véritable « festival Beethoven » dont au début d'avril le *Journal des Luxus und der Moden* de Weimar rendit compte en ces termes : « Beethoven a donné chez le prince L[obkowitz] deux concerts au cours desquels n'ont été jouées que des œuvres de lui, à savoir ses quatre symphonies, son ouverture pour le drame *Coriolan*, un concerto pour piano [n° 4 en *sol* majeur opus 58] et quelques airs de l'opéra *Fidelio*. »

LES CONCERTS DE SCHUPPANZIGH ET DU BARON WÜRTH

La principale personnalité viennoise qui vers 1800 tenta d'établir des concerts publics par abonnement fut le violoniste Ignaz Schuppanzigh (1776-1830), créateur de huit quatuors de Beethoven, dédicataire du treizième de Schubert et premier instrumentiste à avoir attaché son nom à un quatuor à cordes. Ses concerts se déroulèrent à partir de 1799 à l'Augarten, jardin situé dans le faubourg de la Leopoldstadt, l'été de 7 heures à 9 heures du matin environ. Le 15 octobre 1800, un correspondant viennois de l'*Allgemeine Musikalische Zeitung* évoqua les concerts de l'Augarten comme suit :

Sous le nom de Dilettanten Musiken, il y a en général douze prestations musicales le matin dans l'Augarten. Elles sont nées à l'initiative de M. le Vice-Président von Kees [1720-1795], après que l'empereur Joseph, pour sa gloire éternelle, eut destiné l'Augarten à l'amusement du public; les exécutants, sauf pour les instruments à vent et les contrebasses, étaient alors surtout des amateurs. On y entendait même des dames de la plus haute noblesse. L'auditoire était très brillant, et tout marchait si bien que chacun contribuait volontiers et de toutes ses forces à l'essor de l'institution. La modeste participation financière des abonnés ne servait qu'à couvrir les dépenses. La direction a ensuite été assurée par M. Rudolph. Cela marchait toujours bien, mais avec moins d'éclat : la noblesse s'est retirée, car elle ne s'était rendue là que pour plaire à l'empereur Joseph; les exécutions restaient cependant très agréables à entendre. C'est maintenant M. Schupanzig qui s'en charge, et le joyeux auditoire a disparu. Aucun amateur *vraiment* important ne consent désormais à se faire entendre, même les musiciens ne jouent plus que très rarement des concertos. L'engouement pour cette institution s'est éteint partout. Les concertos sont rarement accompagnés comme il faut, mais les symphonies sont mieux traitées. L'objectif de l'entrepreneur n'est en effet désormais ni l'amour de l'art ni le plaisir, il ne poursuit que son propre bénéfice; il est donc devenu impossible, étant donné le petit nombre d'abonnés, de servir la musique comme elle le mérite. L'auditoire tel qu'il est devenu n'est ni encourageant ni stimulant ; la salle est convenable, mais l'orchestre mal placé (en plein milieu, et non surélevé), et il y a d'autres inconvénients, plus ou moins grands. Le plus grand mérite de M. Schupanzig est probablement l'audace de son jeu, qui exerce sur sa direction une influence favorable. Mais [...] nous ne saurions souscrire à l'opinion, assez répandue ici, selon laquelle il serait ce qu'on appelle un *grand* chef. [...] Il est en outre un bon interprète de quatuors à cordes, et un excellent déchiffreur, mais dans les concertos, il lui manque la *grande manière*. Il fait souvent des fausses notes dans les doubles cordes et dans les positions élevées, ce dont la grandeur de sa main est largement responsable.

Rédigé par un Allemand du Nord en visite à Vienne, et qui sans doute n'appréciait ni ne connaissait bien la vie musicale de la capitale autrichienne, cet article ne doit pas être pris au pied de la lettre. Lors d'un séjour à Vienne, le compositeur Friedrich Witt* (1770-1836) écrivit quant à lui en juillet 1796 à un ami : « Nous sommes confortablement installés, et qui ne serait heureux ici ? Des distractions en tous genres existent en effet en abondance ; il y a même tous les samedis à l'Augarten un concert à 7 heures du matin. Avant-hier j'y ai donné une de mes symphonies, et [Joseph] Beer [1744-1812]

a joué un de mes concertos [pour clarinette].
Sans doute le directeur a-t-il claironné la nou-
velle, car Wranitzky, Gyrowetz et notre Papa
Haydn étaient présents. »

Dans la *Wiener Zeitung* du 22 mai 1799, on
put lire : « Le 30 mai seront inaugurés à l'Augarten les Liebhaber Concerte [Concerts des Ama-
teurs], ils se poursuivront les trois jeudis
suivants. [...] Le prix d'un billet pour chaque
série est de 4 florins 30 kreutzer, ce qui donne
droit à 6 billets par concert. »
De 1799 à 1806, Schuppanzigh offrit de deux à
quatre séries de concerts, avec en 1802 (la
meilleure année) un total de douze manifestations. Après trois ans d'interruption, il ne présenta en 1810 qu'une seule série. Carl Joseph
Rosenbaum en fut un des plus fidèles habitués,
car son épouse Thérèse, née Gassmann, chanta
souvent à l'Augarten.
Étaient aussi donnés en ce jardin des concerts
hors-série, organisés ou non par Schuppanzigh
lui-même. C'est à l'un d'eux que, comme on l'a
vu, Beethoven créa le 24 mai 1803, avec le violoniste Bridgetower, sa *Sonate à Kreutzer*. « Pas
grand monde, société choisie », nota Rosenbaum
dans son journal.
Les programmes des concerts de Schuppanzigh ne sont généralement pas connus dans leurs

détails, mais on sait que le 6 juin 1801, Josepha Auernhammer joua un concerto de Beethoven (un des deux premiers), et que dans l'été 1802 furent donnés l'ouverture de *Prométhée* et un concerto pour piano de Beethoven, plusieurs symphonies de Haydn et l'ouverture des *Deux Journées* de Cherubini (1760-1842) : on découvrait et on entendait alors de plus en plus souvent à Vienne ce compositeur italien dont les opéras français influencèrent assez fortement le Beethoven de *Fidelio* (création de la première version de cet ouvrage en novembre 1805).

Le 30 septembre 1802 à midi, Schuppanzigh programme hors-série *La Création* de Haydn, et en 1803 il revint à Cherubini avec cette fois quatre ouvertures : une reprise de celle des *Deux Journées* (1800), puis celles de *Médée* (1797), de *Lodoïska* (1791) et de *L'Hôtellerie portugaise* (1798).

Le 22 septembre 1803, la cantatrice Anna Milder (1785-1838), future créatrice du rôle de Léonore dans les trois versions du *Fidelio* de Beethoven (1805, 1806 et 1814), chanta *Berenice che fai?*, scène dramatique composée par Haydn à Londres en 1795. Suivit un concerto pour piano de Mozart.

Le 24 mai 1804, Schuppanzigh présenta la *Deuxième Symphonie* et (avec en soliste Ferdinand Ries) le *Troisième Concerto* de Beethoven, ainsi que la symphonie en *sol* mineur n° 40 de Mozart, et le 5 juin, avec en soliste son destinataire Anton Stadler (1753-1812), le concerto pour clarinette de Mozart. Le 16 mai 1805, Ries rejoua le concerto en *ut* mineur de Beethoven.

Une tentative plus ambitieuse fut à cette époque celle du baron von Würth, dont il a déjà été question. De 1803 à 1807, il organisa régulièrement chez lui des académies musicales de très haut niveau, avec à la tête d'un orchestre principalement composé d'amateurs le violoniste Franz Clement, premier violon au Theater an der Wien. Le 5 décembre 1803, le journal berlinois *Der Freimüthige* évoqua comme suit les ensembles de ce type : « Ils exécutent les grands morceaux de musique tels que les symphonies, les concertos et les ouvertures avec une précision et une justesse d'autant plus remarquables que ces orchestres, en général très fournis, sont presque entièrement composés d'amateurs, exception faite de quelques instruments à vent qu'ici on pratique assez peu. » C'est chez Würth, on l'a vu, que l'*Eroica* de Beethoven connut dans l'hiver 1804-1805 ses premières exécutions semi-publiques. Le 19 avril 1805, à l'issue de cette saison, *Der Freimüthige* adressa à Würth de chaleureux compliments : « Les séances musicales chez Würth touchent à leur fin. Cette admirable institution, qui grâce à la générosité de l'entrepreneur rassemble des connaisseurs et des amis de la musique venus de toutes les classes cultivées, a une fois de plus fait entendre cette année, dans la splendeur d'exécutions aussi belles que réussies, uniquement les plus grands chefs-d'œuvre d'un Mozart, d'un Haydn, d'un Eberl, d'un Beethoven et de quelques autres. » Et l'*Allgemeine Musikalische Zeitung* du 9 janvier précédent : « Le plaisir artistique est augmenté ici par le comportement humain et aimable du maître de maison ainsi que par une assistance très choisie. »

Les Liebhaber Concerte de l'hiver 1807-1808

L'étape décisive précédant l'apparition plus ou moins régulière à Vienne de concerts au sens « moderne » eut lieu durant la saison 1807-1808. Sous la dénomination de « Liebhaber Concerte » (Concerts des Amateurs), de « Freunde der Tonkunst » (Amis de la Musique) ou de « Musikalisches Institut », vingt concerts se déroulèrent du 12 novembre 1807 au 27 mars 1808. C'est la première série sur laquelle on possède des renseignements très détaillés, grâce à l'héritage du comte Moritz Dietrichstein (1775-1864), un de ses principaux organisateurs avec d'autres aristocrates parmi lesquels le prince Lobkowitz et le prince Ferdinand Trautmansdorff. Pendant plusieurs décennies, Dietrichstein joua dans la vie musicale viennoise un rôle de premier plan et tout à fait désintéressé. Il fut de 1820 à 1826 « Hofmusikgraf » (comte chargé de la musique à la cour), puis jusqu'en 1845 directeur de la bibliothèque de la cour.

Parmi les abonnés et les interprètes de ces vingt concerts, la bourgeoisie cultivée était largement représentée à côté de la haute aristocratie. La Société comptait soixante-dix abonnés, ou plutôt « membres » : deux s'abonnèrent pour trente-deux places, cinquante-neuf pour seize places et neuf pour onze places. Cela faisait théoriquement mille cent sept places disponibles, auxquelles vinrent s'ajouter deux cent sept billets distribués gratuitement. L'abonnement pour une place coûtait cinq florins. Les concerts étaient en réalité semi-publics, car les billets ne pouvaient en principe être transmis par les membres qu'à des personnes qu'ils avaient eux-mêmes choisies, mais il semble bien que dans les faits, ceux qui souhaitaient un billet l'obtinrent sans difficulté. L'orchestre comprenait cinquante-cinq musiciens, tous connus nommément, les premiers violons étant menés par Franz Clement, les seconds violons par Joseph Mayseder et les violoncelles par Anton ou Nikolaus Kraft. Pour assurer une bonne exécution, l'unique répétition ne devait pas avoir lieu plus de deux jours avant le concert correspondant. « La production des chefs-d'œuvre du pays et de l'étranger affinera le goût et lui donnera une orientation solide et durable, elle encouragera les artistes d'ici à se stimuler mutuellement », pouvait-on lire dans les directives.

Le premier concert eut lieu à la Mehlgrube, tous les autres dans la grande salle de l'Université, qui existe toujours. Étant donné les dimensions de cette salle, beaucoup d'auditeurs durent rester debout. Les cinq premiers concerts furent dirigés par le banquier et violoniste amateur Johann Baptist von Häring (? – 1818), les autres, sauf le dernier, par Franz Clement. Avec eux débuta plus ou moins la tradition consistant à ne programmer dans une même séance que de la musique « symphonique », et non plus un mélange assez bigarré de pièces instrumentales et vocales. Auparavant, un des problèmes rencontrés par des œuvres telles que l'*Eroica* était leur difficulté à s'intégrer dans les formes de concert existantes. On entendit au moins deux symphonies de Haydn, dont la *Militaire* (en *sol* majeur n° 100), mais les compositeurs les plus représentés furent Mozart (quatorze œuvres), puis Beethoven (sept œuvres) : les quatre premières symphonies, le concerto pour piano en *ut* majeur n° 1 et les ouvertures de *Prométhée* et de *Coriolan*. Les trois premières symphonies et l'ouverture de *Coriolan* furent jouées chacune deux fois, à deux concerts différents. Beethoven dirigea lui-même l'*Eroica* au quatrième concert (6 décembre 1807), et sans doute aussi certaines de ses autres œuvres, mais pas celles d'autrui inscrites aux mêmes programmes. Le deuxième concert (2 février 1808), le seul où furent données deux œuvres de Beethoven, l'*Eroica* et *Coriolan*, fut honoré de la présence de l'archiduc Rodolphe.

Le vingtième et dernier concert (27 mars 1808), dirigé par Salieri, consista en une mémorable exécution de *La Création* de Haydn dans la version italienne de Giuseppe Carpani* (1752-1825). Haydn sortit de sa retraite et assista à la première partie du concert : assis derrière lui se trouvaient notamment Beethoven, Hummel, Gyrowetz et le compositeur et guitariste Mauro Giuliani (1781-1829). Ce fut sa dernière apparition publique, et sa présence frappa énormément les contemporains. « Après la première partie, c'était trop pour lui, il a pris très ému congé pour toujours, et béni tout le monde. Silence de mort, sur quoi il s'est fait emporter, de nouveau sous les applaudissements les plus bruyants. Haydn aura quand même reçu quelques honneurs de son vivant » (journal de Rosenbaum). En honorant Haydn comme aucun musicien viennois ne l'avait été ni ne devait l'être, l'aristocratie autrichienne s'autocélébrait en quelque sorte, car Haydn était le dernier grand représentant vivant d'une forme de culture qu'elle-même avait tant fait pour promouvoir. Le concert du 27 mars 1808 peut même être considéré comme la dernière grande manifestation de la culture musicale aristocratique viennoise. Haydn mourut quatorze mois plus tard, laissant entièrement la place à Beethoven

Le troisième concert de Beethoven
Conclusion

Les activités des Liebhaber Concerte firent énormément pour la réputation de Beethoven symphoniste à Vienne, mais, faute d'argent, elles se limitèrent à une seule saison. On peut supposer que si les Liebhaber Concerte s'étaient poursuivis dans la saison 1808-1809, Beethoven y aurait présenté ses deux nouvelles symphonies, la *Cinquième* (en *ut* mineur opus 67) et la *Sixième*, dite *Pastorale* (en *fa* majeur opus 68), séparément et avec l'espoir d'une proche seconde audition. Il n'en fut rien, et Beethoven revint à une ancienne pratique : les deux symphonies furent créées ensemble, dans le cadre d'un programme ambitieux et splendide de quatre heures, mais par un orchestre mal préparé, le 22 décembre 1808 au Theater an der Wien, lors du troisième concert donné par lui à son propre bénéfice.

Six autres œuvres furent entendues, parmi lesquelles la fantaisie pour piano, orchestre et chœurs opus 80 (également en première audition), des extraits de la messe en *ut* et le concerto pour piano en *sol* majeur n° 4. L'étendue du programme posa problème, mais elle était en partie dictée par les événements : ignorant si une nouvelle occasion se présenterait bientôt, et plutôt pessimiste à cet égard, Beethoven eut à cœur de présenter, même dans des conditions non idéales, un panorama aussi complet et aussi divers que possible de sa production la plus récente.

Mus par des sentiments artistiques et patriotiques, la plupart des principaux promoteurs et abonnés des défunts Liebhaber Concerte jouèrent quatre ans plus un rôle de premier plan lors de la fondation en 1812 de la Gesellschaft der Musikfreunde des österreichischen Kaiserstaates (Société des amis de la Musique de l'État impérial d'Autriche), qui existe toujours. Elle se fixa un triple objectif : l'organisation de concerts, la fondation d'un conservatoire pour la formation des amateurs et des professionnels et la création d'archives. Beethoven en resta membre honoraire, mais Schubert s'y montra très actif. La plupart des concerts viennois n'en demeurèrent pas moins organisés par les artistes pour eux-mêmes, et les programmes faits de pots-pourris vocaux et instrumentaux. Seules les séries organisées par Ignaz Schuppanzigh se concentrèrent sur un seul genre : la musique de chambre, et principalement le quatuor à cordes, avec souvent un de Haydn, un de Mozart et un de Beethoven.

Dans le même esprit furent fondées à Londres en 1813 la Philharmonic Society et à Paris en 1828 la Société des Concerts du Conservatoire, sortes d'alliances entre les professionnels et la difficile musique « moderne », en particulier celle de Beethoven. La Gesellschaft der Musikfreunde n'ouvrit sa propre salle de concert, la première du genre à Vienne, qu'en 1831. En 1842, la fondation par Otto Nicolai (1810-1849) des Concerts philharmoniques marqua un nouveau tournant. Ils ne donnèrent des saisons régulières qu'à partir de 1860.

Biographies

Albrechtsberger, Johann Georg (Kloster-neuburg 1736-Vienne 1809). Organiste, compositeur et théoricien, il étudia à Melk, sur le Danube à l'ouest de Vienne, et au séminaire des Jésuites de Vienne (1753-1755), puis fut organiste à Raab (Györ) en Hongrie, à Maria Taferl et à Melk. Il s'installa à Vienne en 1766, devenant organiste de la cour et directeur de la musique à l'église des carmélites (1772) et à la cathédrale Saint-Étienne (1793). Il écrivit beaucoup de musique de chambre (surtout dans sa jeunesse), quelques concertos et au moins 385 œuvres liturgiques, et ne se consacra à l'orchestre (quatre symphonies) qu'en 1768-1773. Considéré comme le premier compositeur de fugues (95 pour orgue et 125 pour cordes datant de ses années viennoises) et surtout comme le premier organiste de son temps, il laissa de très nombreux élèves, parmi lesquels en 1794-1795 Beethoven.

Albrechtsberger et Haydn nouèrent dans leur jeunesse des relations d'amitié qui durèrent toute leur vie (ils moururent à trois mois d'intervalle). De tous les musiciens viennois, Haydn le considérait « comme le meilleur professeur de composition, comme le plus capable en la matière de mettre un jeune homme sur la bonne voie » (*Allgemeine Musikalische Zeitung* du 12 avril 1809).

Bigot de Morogues, Marie (Colmar 1786-Paris 1820). Pianiste, née Kiene, elle arriva avec son mari à Vienne à la fin de 1804 ou au début de 1805, et rendit visite à Beethoven, Salieri et Haydn, à qui elle joua une de ses œuvres : « Ô ma chère fille, ce n'est pas moi qui ai fait cette musique, c'est vous qui la composez. » Et sur la couverture de la partition, l'auteur de *La Création* écrivit : « Le 20 février 1805, Joseph Haydn a été heureux. » En 1806, elle joua à vue l'*Appassionata* de Beethoven à partir du manuscrit autographe. Plus tard, Beethoven lui fit cadeau de cet autographe. Son mari devint en 1808 bibliothécaire du comte Razumovsky. Le couple resta à Vienne jusqu'en 1809, puis s'installa à Paris, où elle poursuivit sa carrière.

Braun, baron Peter von (1758-1819). En tant que directeur du Theater an der Wien, il joua un rôle important dans la préparation de la création de la première version de *Fidelio* (20 novembre 1805). À Beethoven qui à l'occasion d'une représentation de la deuxième version de *Fidelio* lui avait déclaré « Je n'écris pas pour la galerie ! », il aurait répliqué : « Cher Monsieur, même Mozart ne dédaignait pas d'écrire pour la galerie ! »

Bridgetower, George Polgreen (Biala, Pologne, 1778-Londres 1860). Violoniste, fils d'une mère européenne et du Maure du prince Nicolas Esterházy, il fit ses débuts à Paris au Concert Spirituel le 13 avril 1789, puis passa à Londres, où le 25 avril 1791, à l'âge de treize ans, il joua à un concert de Haydn un concerto pour violon de sa propre composition. Seuls les deux premiers mouvements de la *Sonate à Kreutzer* furent composés pour lui, le finale ayant fait partie à l'origine d'une autre œuvre.

Burney, Charles (Shrewsbury 1726-Chelsea College, Londres, 1814), Historien de la musique, il fut aussi arbitre du goût. Pour pouvoir écrire son ouvrage capital, *A General History of Music* (1776, 1782, 1789), il voyagea en 1770 en France et en Italie, puis en 1772 dans les pays germaniques et aux Pays-Bas, rendant compte peu après en volumes de ses rencontres et de ses impressions. Il se lia avec Haydn lors des séjours de ce dernier à Londres, et écrivit en

1804 : « Beethoven (prononcer Baythoven), un disciple de Mozart, voit maintenant sa renommée augmenter si rapidement qu'on prend un risque minime à prédire que s'il vit, il sera un grand homme parmi les musiciens du siècle présent, comme Haydn et Mozart l'ont été à la fin du siècle dernier. » La même année, après avoir célébré dans un poème Haydn et Mozart, impossibles à égaler, il poursuivit : « De plus la route de la renommée est barrée / Et chaque laurier verdoyant récolté / par ce jeune homme gigantesque, Beethoven / Dont les pieds, sans aucun doute, sont fourchus. »

Carpani, Giuseppe (Vill'Albese, Côme, 1752-Vienne 1752). Poète et homme du monde, il rédigea sous le titre de *Le Haydine* (Milan 1812) une biographie de Haydn assez plaisante à lire mais prolixe et fantaisiste, plus tard plagiée par Stendhal (Paris 1814). Beethoven et beaucoup d'autres mirent en musique son poème *In questa tomba oscura* (publication collective en 1808 avec une dédicace au prince Lobkowitz).

Cherubini, Luigi (Florence 1760-Paris 1842) Fixé à Paris en 1788, il y composa plusieurs opéras français. Ceux – *Lodoïska* (1791), *Les Deux Journées* (1800), *Médée* (1797) et *Elisa* (1794) – qui furent donnés à Vienne en 1802 y firent sensation et ne furent pas sans influencer Beethoven pour *Fidelio*. De juillet 1805 à avril 1806, Cherubini séjourna à Vienne. Il y vit Haydn – qui lui fit cadeau du manuscrit autographe de sa symphonie en *mi* bémol n° 103, dite *Roulement de timbales* (1795) – et Beethoven, et assista sans doute à la création de la deuxième version de *Fidelio* (29 mars 1806). Il y présenta lui-même *Faniska* (25 février 1806), en présence de Beethoven et peut-être même de Haydn. En décembre 1805, il organisa à Schönbrunn quelques concerts pour Napoléon, qui s'était installé là après Austerlitz. « Il [Napoléon] est resté durant la petite heure qu'a duré le concert immobile comme une pierre, la mine sérieuse, sombre, presque boudeuse » (Rosenbaum, le 15 décembre, d'après le récit d'un témoin). À la fin de sa vie, Beethoven aurait déclaré préférer le requiem de Cherubini (1816, composé à la mémoire de Louis XVI) à celui de Mozart.

Clement, Franz (Vienne 1780-id. 1842). Violoniste, il fit ses débuts à l'âge de neuf ans, et séjourna en Angleterre en même temps que Haydn (ils se produisirent ensemble à Oxford en juillet 1791). Il fut le destinataire et le créateur du concerto pour violon de Beethoven (23 décembre 1806). Son jeu était plus délicat que puissant, mais il était doté d'une mémoire prodigieuse et d'une virtuosité phénoménale.

Clementi, Muzio (Rome 1752-Evesham, Angleterre, 1832). Pianiste, compositeur, éditeur et facteur d'instruments, il eut dès 1766 comme résidence principale l'Angleterre, d'abord la province puis à partir de l'hiver 1774-1775 Londres, ce qui ne l'empêcha pas d'effectuer sept voyages sur le continent européen, le dernier à un âge très avancé. Il fut appelé de son vivant le « père du pianoforte », et sa longue carrière servit de modèle aux innombrables pianistes virtuoses itinérants des premières décennies du XIXe siècle, parmi lesquels Hummel et même Liszt. Sa production est dominée par ses quelque soixante sonates pour clavier seul, dont beaucoup comptent parmi les plus belles de l'époque. À Vienne en 1807, puis en 1808-1810, il signa avec Beethoven plusieurs contrats d'édition. Sa firme londonienne publia plusieurs œuvres importantes de Beethoven, d'abord en 1809-1810 les trois quatuors opus 59, le concerto pour violon et sa transcription pour piano (réalisée à la demande de Clementi), puis en 1810-1811, avant tout autre éditeur, le quatuor à cordes en *mi* bémol majeur n° 10 opus 74, le concerto pour piano en *mi* bémol majeur n° 5 opus 73 ou encore la fantaisie pour piano, orchestre et chœurs opus 80.

L'écriture pianistique de Beethoven, par exemple dans la sonate en *ut* majeur opus 2 n°3 (1795-1796) évoque parfois Clementi. Beethoven, dit-on, recommandait à ses élèves les sonates de Clementi de préférence à celles de Mozart.

Cramer, Johann Baptist (Mannheim 1771 – Londres 1858). Pianiste et compositeur, il s'établit à Londres avec sa famille en 1772. Il séjourna à Vienne en 1799-1800 et s'y lia avec Beethoven, qui « imita » parfois le style de Cramer, par exemple dans le finale de sa sonate en *la* bémol majeur n° 12 opus 25 (1800-1801).

Czerny, Carl (Vienne 1791 – id. 1857). Pianiste, pédagogue et compositeur, élève de son père et du violoniste et joueur de mandoline Wenzel Krumpholz (1750-1817), puis de Beethoven (1800-1803), il jouait du piano à trois ans, composait à sept ans, et à dix ans interprétait de mémoire le répertoire le plus valable et le plus important. À quinze ans, il avait lui-même des disciples, et plus tard il donna des leçons au jeune Liszt. Son catalogue de compositeur compte plus de mille ouvrages, sans compter d'innombrables arrangements pour piano. Ces ouvrages sont tombés dans l'oubli, mais sa production didactique reste aujourd'hui encore à la base de tout enseignement de l'instrument. Il donna dans ses

Mémoires (1842) de précieux renseignements sur Beethoven.

Eberl, Anton (Vienne 1765-id. 1807). Pianiste et compositeur, élève de Mozart, il effectua en 1795 une tournée de concerts avec la veuve de ce dernier, et fut maître de chapelle à Saint-Pétersbourg de 1796 à 1799. En 1801, il retourna en Russie, où il dirigea *La Création* de Haydn. Auteur notamment d'œuvres de musique de chambre et pour piano, de deux concertos pour piano, d'un pour deux pianos et de trois symphonies, dont une « de jeunesse », il fut vers 1805 un des compositeurs les plus en vue à Vienne

Forkel, Johann Nikolaus (Meeder, Saxe-Cobourg, 1749-Göttingen 1818). Historien et théoricien de la musique fixé à partir de 1769 à Gôttingen, il y dirigea de 1779 à 1815 la musique à l'Université. Ami de Wilhelm Friedemann Bach et de Carl Philipp Emanuel Bach, il s'appuya notamment sur les renseignements fournis par eux pour rédiger sa biographie de leur père Johann Sebastian, parue à Leipzig en 1802 avec une dédicace à Gottfried van Swieten. En 1801, il rendit visite à Haydn à Eisenstadt.

Fuchs, Aloys (Razova, Moravie, 1799-Vienne 1854). Fonctionnaire, chanteur et collectionneur, il se constitua à partir de 1820 une précieuse collection d'autographes, de copies et d'éditions rares (de Bach, Gluck, Haydn, Mozart, Beethoven et d'autres) dont la plupart des éléments allèrent après sa mort à la bibliothèque royale de Berlin et à celle de l'abbaye de Göttweig en Autriche. Il dressa plusieurs catalogues thématiques, dont un consacré à Haydn.

Fuchs, Johann Nepomuk (1766-1839). Entré comme violoniste dans la chapelle Esterházy en 1788, il devint vice-maître de chapelle en 1802 et en 1809 succéda à Haydn au poste de maître de chapelle

Fux, Johann Joseph (Hirtenfeld, Styrie, 1660-Vienne 1741). Remarqué par l'empereur Leopold Ier, il occupa divers postes à Vienne avant de devenir en 1715 maître de chapelle impérial. Il occupa ce poste, auquel il succéda à une lignée d'Italiens, jusqu'à sa mort, en gros durant tout le règne de l'empereur Charles VI, et donna à la chapelle impériale un très grand éclat, qu'à partir du milieu du XVIIIe siècle elle devait perdre au profit des chapelles aristocratiques. Il fut le représentant typique du baroque autrichien en musique. Sa célébrité auprès de la postérité lui est surtout venue de son *Gradus ad Parnassum,* sans doute le plus grand traité de contrepoint jamais écrit : paru en 1725 en latin, il fut traduit en allemand en 1742, en italien en 1761, en français en 1773 et en anglais en 1791. Haydn y apprit presque seul, en autodidacte, les lois du métier, avant de le mettre entre les mains de divers élèves, dont Beethoven. Des générations de compositeurs autrichiens se formèrent directement ou indirectement grâce au *Gradus*, sur lequel devaient en outre se fonder d'autres traités comme ceux d'Albrechtsberger et de Cherubini. Cet ouvrage devait valoir à Fux, à partir du siècle romantique et dans certains milieux, une réputation de sécheresse parfaitement injustifiée. Au contraire, tant par le *Gradus* que par ses œuvres musicales, il fut de ceux qui jetèrent pour ce qu'à tort ou à raison on appelle le « classicisme viennois » les bases les plus solides, en particulier pour sa façon légère et dense à la fois de traiter le contrepoint.

Griesinger, Georg August (Stuttgart 1769-Vienne 1845). Écrivain et diplomate, il arriva à Vienne, venant de Leipzig, au printemps de 1799 en tant que précepteur du fils aîné du chef de la légation de Saxe, avant de devenir lui-même secrétaire de légation en 1804, conseiller de légation en 1808 et enfin chef de mission en 1831. Avant son départ de Leipzig, il s'était vu demander par la maison d'édition Breitkopf & Härtel de prendre contact avec Haydn et de servir d'intermédiaire dans les transactions de cette maison comptait mener avec le compositeur. Griesinger vit très souvent Haydn jusqu'à la mort de ce dernier en mai 1809, et ses nombreuses lettres à Breitkopf & Härtel constituent une précieuse source de renseignements non seulement sur Haydn et Beethoven, mais aussi sur la vie musicale à Vienne en général. Griesinger amassa peu à peu les éléments d'une biographie qu'après la mort de Haydn, il fit paraître dans sept numéros successifs (du 12 juillet au 23 août 1809) de l'*Allgemeine Musikalische Zeitung*, puis (après révision) en volume l'année suivante sous le titre de *Biographische Notizen über Joseph Haydn* (Notices biographiques sur Joseph Haydn). Au début 1822, il agit à la demande de Beethoven comme intermédiaire pour la souscription du roi de Saxe à la *Missa solemnis*. Les lettres de Griesinger à Härtel ont l'avantage d'avoir été écrites juste après les événements qu'elles relatent, souvent le jour même. Ne devant en principe être lues que par leur destinataire, elles offrent en outre de Haydn comme de Beethoven des portraits parfois sans enjolivures. «Si vous lui récrivez [à Beethoven], mettez un peu d'encens dans votre encrier, les artistes seront toujours des gens susceptibles» (4 décembre 1802). «Si vous tenez à rester en bons termes avec Beethoven, faites-lui comprendre dans votre prochaine lettre que vous n'avez jamais eu l'intention de l'offenser, que vous l'estimez, etc. » (8 décembre 1802). Mais aussi, un peu plus tôt, alors que Beethoven se préparait à nouer, comme Haydn, des relations régulières avec Breitkopf & Härtel : « Le compositeur Beethoven déteste écrire des lettres et tenir ses comptes. Il souhaite se débarrasser des éditeurs d'ici. Il n'a jamais touché plus de 31 ducats pour une sonate pour piano, et pourtant l'on dit que ses œuvres pour piano sont meilleures que celles de Haydn. Son frère, qui tient ses comptes, lui a interdit de signer des contrats pour plusieurs années, car d'année en année, ses travaux sont mieux payés. [...] J'ai entendu chez le baron Spielmann [1738-1813] les deux quatuors [opus 77] que Haydn a composés pour le prince Lobkowitz, ils ont été l'un et l'autre très applaudis » (3 avril 1802). « Haydn a vanté en présence de Beethoven la promptitude et le montant élevé de vos versements » (7 avril 1802).

Hoffmann, Ernst Theodor Amadeus (Königsberg 1776-Berlin 1822). Écrivain et compositeur, il entreprit des études de droit et commença une carrière de magistrat. Attiré par la musique, il obtint un poste de chef d'orchestre à Bamberg, puis à Dresde, mais fut ensuite contraint de se fixer à Berlin comme magistrat. Célèbre pour ses contes, il fut aussi un compositeur habile. Fasciné par Mozart, il changea son prénom de Wilhelm pour celui d'Amadeus, et défendit ardemment Beethoven, qu'il désigna comme le compositeur romantique par excellence. Outre la *Cinquième Symphonie*, il commenta longuement dans l'*Allgemeine Musikalische Zeitung* l'ouverture de *Coriolan*, les deux trios pour piano, violon et violoncelle opus 70, la messe en *ut* ainsi que la musique de scène pour *Egmont*, et consacra à la musique de nombreux autres articles.

Hummel, Johann Nepomuk (Pressburg, aujourd'hui Bratislava, 1778-Weimar 1837). Enfant prodige, il reçut ses premières leçons de son père, puis étudia avec Mozart, qui l'hébergea dans sa propre maison (1786-1788) et grâce à qui il donna son premier concert en 1787. Il partit ensuite avec son père pour une tournée qui le mena en Allemagne du Nord, à Copenhague, en Écosse, à Londres (où il participa en 1792 aux mêmes concerts que Haydn), puis de nouveau en Allemagne. Revenu à Vienne, il prit de nouvelles leçons avec Albrechtsberger et Salieri, se lia avec Beethoven et s'imposa comme un des premiers pianistes de son temps. Sa nomination en 1803 comme chef d'orchestre du prince Nicolas II Esterháza fit de lui un des trois musiciens (les deux autres étant le vice-maître de chapelle Johann Nepomuk Fuchs et le violoniste Luigi Tomasini) qui eurent à assurer le remplacement de Haydn malade. Hummel occupa ce poste jusqu'en 1811. Il reprit sa carrière de pianiste vers 1814, puis fut maître de chapelle à Stuttgart (1816-1818) et enfin à Weimar (de 1819 à sa mort), où il connut Goethe. Il dirigea la percussion dans une ou plusieurs exécutions de *La bataille de Vittoria* de Beethoven en 1814, et lorsqu'il quitta Vienne en 1816, Beethoven composa pour lui le canon *Ars longa, vita brevis* WoO 170. Dans les années 1820 et 1830, il refit comme pianiste des tournées à travers l'Europe, et en 1827 se rendit à Vienne pour revoir une dernière fois Beethoven mourant. Sa méthode de piano eut une importance considérable dans la première moitié du XIXe siècle.

Kanne, Friedrich August (Delizsch, Saxe, 1778-Vienne 1833). Compositeur et journaliste, il finit par se lier d'amitié avec Beethoven, et écrivit souvent dans les cahiers de conversation. Ses connaissances étaient encyclopédiques, en particulier sur l'Antiquité. Il fut de 1820 à 1824, comme successeur d'Ignaz von Seyfried, le rédacteur en chef de la *Wiener Allgemeine Musikalische Zeitung*.

Nottebohm, Gustav (Lüdenscheid, Westphalie, 1817-Graz 1822). Après des études à Berlin et à Leipzig, il s'établit à Vienne en 1846, où il commença par enseigner avant de se consacrer à la recherche musicologique, faisant paraître un catalogue thématique de Beethoven (1868) et un autre de Schubert (1874). Spécialiste de Beethoven, il s'attacha à l'étude de ses manuscrits autographes et de ses esquisses, permettant ainsi de préciser la chronologie et le mode de composition de ses œuvres. Il fut le premier musicologue à étudier à fond les esquisses d'un grand compositeur. Certaines de ses conclusions ont été remises en question, mais ses travaux restent fondamentaux. Il devint familier de presque tous les cahiers d'esquisses de Beethoven ayant survécu, et prit conscience des dommages qui leur avaient été apportés depuis la mort du compositeur. Ses écrits furent rassemblés notamment dans *Beethoveniana* (1872) et *Zweite Beethoveniana* (1887). Dans *Beethovens Studien* (1873), il se pencha sur le problème des études de Beethoven avec Haydn, Albrechtsberger et Salieri. Cet ouvrage est en même temps une réfutation de celui écrit sur le même sujet par Ignaz von Seyfried en 1832

Novello, Vincent (Londres 1781-Nice 1861) Compositeur, organiste et pianiste, il fonda en

1811 la maison d'édition Novello and Co., qui commença par éditer des œuvres de musique sacrée (Purcell, Haydn, Mozart, Beethoven). Durant l'été de 1829, il accomplit avec son épouse Mary un véritable pèlerinage à Salzbourg pour remettre à la sœur de Mozart, aveugle et paralysée et qui devait mourir trois mois plus tard, une somme d'argent collectée à Londres. Ils y virent aussi sa veuve Constance et son second fils Franz Xaver, qui était là par hasard. Ayant comme autre objectif de rassembler des matériaux pour une biographie de Mozart, ils poussèrent jusqu'à Vienne, où ils rencontrèrent beaucoup d'anciennes connaissances de Haydn, Mozart et Beethoven, et revinrent par Paris, où ils prirent diverses mesures concernant l'éducation d'une de leurs filles, la future chanteuse Clara Novello (1818-1908). Leur intéressant journal de voyage, découvert en 1945 en Italie parmi des papiers de famille, a été publié en 1955.

Neukomm, Sigismund (Salzbourg 1778-Paris 1858). Compositeur et pianiste, il étudia avec Michael Haydn avant de partir en mars 1797 pour Vienne, où il resta jusqu'en mai 1804, à la fois comme élève et disciple de Joseph Haydn, comme compositeur et pianiste et comme professeur (notamment de la soprano Anna Milder et du second fils de Mozart). Jusqu'en juin 1808, il fut maître de chapelle au théâtre allemand de Saint-Pétersbourg. En route vers la France, il s'arrêta à Vienne de novembre 1808 à février 1809. En novembre, il arriva à Paris, qui pendant un demi-siècle devait rester sa résidence principale. Il entra au service de Talleyrand, qu'il suivit au congrès de Vienne, et de 1816 à 1821 séjourna au Brésil, d'où il envoya plusieurs articles à l'*Allgemeine Musikalische Zeitung* et où il fit exécuter le requiem de Mozart et *La Création* de Haydn. Il fut toute sa vie un perpétuel voyageur, parcourant jusqu'à sa mort l'Europe en tous sens. En 1834-1835, il visita même l'Algérie. Compositeur fécond, il tint de 1804 à sa mort un catalogue thématique de ses œuvres : y sont inscrits 1 265 ouvrages datés au jour près, et qui ne constituent d'ailleurs pas la totalité de sa production.

Pleyel, Ignaz (Ruppersthal, Basse-Autriche, 1757-Paris 1831). Compositeur, éditeur et facteur de pianos, il étudia avec Haydn à Eszterháza (1772-1777) et voyagea plusieurs fois en Italie. Il devint au plus tard en 1785 vice-maître de chapelle à la cathédrale de Strasbourg, puis en 1789 maître de chapelle. De décembre 1791 à mai 1792, il séjourna à Londres comme rival de Haydn. En 1795, il s'installa à Paris, où il fonda la même année une maison d'édition qui devait poursuivre ses activités jusqu'en 1834, et en 1807 une fabrique de pianos. Il publia en 1801, avec une dédicace à Bonaparte, la première édition complète des quatuors de Haydn, et en 1803 les premières partitions de poche. De 1785 environ à la fin du siècle, il fut grâce à ses symphonies, ses concertos, ses quatuors et ses pièces diverses, un des compositeurs les plus joués et édités (sans doute même le plus joué et édité) en Europe et en Amérique. Son immense succès s'explique aussi bien par son habileté que par ses limites en tant que compositeur, mais n'en reste pas moins un phénomène unique. En 1805, il séjourna à Vienne avec son fils Camille (1788-1855). « C'est un homme cultivé, qui en sait certainement davantage que ne le laisse supposer l'avalanche de compositions dont il inonde le monde », écrivit alors à son sujet le compositeur Paul Struck. Le père et le fils rendirent visite à Haydn et à Beethoven, et le 27 prairial an XIII (16 juin 1805), Camille écrivit en français à sa mère : « On nous a menés chez Beethoven, et quand nous étions près de chez lui, nous l'avons rencontré. C'est un petit trapu, le visage grêlé et d'un abord très malhonnête, mais comme il avait à faire, nous n'avons pas pu l'entendre. » Puis le 16 messidor (5 juillet) : « Enfin, j'ai entendu Beethoven, il a joué une sonate de sa composition et [le violoncelliste Jacques Michel Hurel de] Lamare

[1772-1823] l'a accompagné. Il a infiniment d'exécution, mais il n'a pas d'école, et son exécution n'est pas finie, c'est-à-dire que son jeu n'est pas pur. Il a beaucoup de feu, mais il tappe (*sic*) un peu fort ; il fait des difficultés diaboliques, mais il ne les fait pas tout à fait nettes. Cependant il m'a fait grand plaisir en préludant. [...] Il fait quelquefois des choses étonnantes. D'ailleurs il ne faut pas le regarder comme un pianiste, parce qu'il est totalement livré à la composition, et qu'il est très difficile d'être en même temps auteur et exécutant. »

Reicha, Antonin (Prague 1770-Paris 1836) Neveu d'un musicien de la cour de Bonn qui l'accueillit dans cette ville, il vécut de 1802 à 1808 à Vienne, où il retrouva Beethoven et reçut les conseils de Haydn, puis à Paris, où il eut comme élèves Berlioz, Liszt, Franck et Gounod.

Ries, Ferdinand (Bonn 1784-Francfort 1838). Pianiste et compositeur, fils d'un violoniste dans l'orchestre de Bonn qui donna des leçons au jeune Beethoven, il vécut à Vienne de 1801 à 1805 puis en 1808-1809. Lors de son premier séjour, il servit de secrétaire et d'assistant à Beethoven, qui lui donna aussi des leçons de piano. Il réalisa de nombreux arrangements d'œuvres de Beethoven. En 1813, il s'installa à Londres, où il s'efforça de promouvoir les œuvres de Beethoven, sans toutefois réussir à faire venir le compositeur en Angleterre. En 1825, il se réinstalla en Rhénanie, et avant même sa publication, il dirigea le 23 mai 1825 à Aix-la-Chapelle la *Neuvième Symphonie*. En 1838, peu après sa mort, parurent sous son nom et sous celui de Franz Gerhard Wegeler (Bonn 1765- Coblence 1848), ami d'enfance de Beethoven, des *Notices biographiques sur Ludwig van Beethoven*. En 1845, Wegeler y ajouta un *Nachtrag* (supplément).

Rochlitz, Johann Friedrich (Leipzig 1769-id. 1842). Écrivain et critique, il fut éduqué dans sa ville natale à la Thomasschule (école Saint-Thomas), commença très jeune à composer, mais douta de son talent après avoir rencontré Mozart en 1789. En 1798, il fut choisi par la maison d'édition Breitkopf & Härtel comme rédacteur et chef de l'*Allgemeine Musikalische Zeitung*, qu'il dirigea jusqu'en 1818 et à laquelle il collabora jusqu'en 1835. Du 10 octobre 1798 au 27 mai 1801, il y publia une série de vingt-sept « Anecdotes certifiées exactes tirées de la vie de Wolfgang Gottlieb Mozart. Contribution à une meilleure connaissance de cet homme comme être humain et comme artiste » fréquemment reproduites depuis, mais assez souvent sujettes à caution. Il visita Vienne en 1822, mais il n'est pas sûr, comme il devait le prétendre après la mort du compositeur, qu'il y ait alors rencontré Beethoven.

Rodolphe, archiduc (Florence 1788-Baden, près de Vienne, 1831). Plus jeune frère de l'empereur romain-germanique François II (devenu en 1804 l'empereur François Iᵉʳ d'Autriche), archevêque d'Olmütz en 1818, excellent pianiste et bon compositeur, il fut à partir de 1803-1804 le principal élève de Beethoven, qui lui dédia plusieurs œuvres importantes (plus qu'à n'importe quel autre) : les concertos pour piano en *sol* majeur n° 4 opus 58 et en *mi* bémol majeur n° 5 opus 73, la sonate n° 26 en *mi* bémol majeur *Les Adieux, L'Absence et Le Retour* opus 81a, la sonate pour violon et piano en *sol* majeur opus 96, le trio en *si* bémol majeur dit *À l'Archiduc* opus 97, les sonates n° 29 en *si* bémol majeur dite *Hammerklavier* et en *ut* mineur n° 32 opus 111, la *Missa solemnis* et enfin la *Grande Fugue* opus 133 ainsi que son arrangement pour deux pianos. Il composa notamment une série de quarante variations sur un thème de Beethoven (1818) considérées par ce dernier comme « magistrales ». Lui-même et les princes Lobkowitz et Kinsky furent les trois aristocrates qui en 1809 consentirent à Beethoven une pension de 4 000 florins par an pour le dissuader de quitter Vienne. À la fin de 1810, l'inflation avait réduit d'un quart la valeur réelle de cette somme, et, de 1810 à 1814, les prix augmentèrent à Vienne de 542 %.

Romberg, Andreas (Vechta, près de Münster, 1767-Gotha 1821). Violoncelliste et compositeur, il séjourna à Vienne à la fin de 1796 avec son cousin Andreas (1767-1841), lui aussi violoncelliste. Tous deux rendirent visite à Haydn et donnèrent vers le 29 décembre un concert auquel Beethoven, qui les avait connus en 1790-1792 dans l'orchestre de Bonn, prêta son concours.

Rosenbaum, Joseph Carl (Vienne 1770-id 1829). Fils d'un fonctionnaire du prince Esterházy, il entra lui-même dans l'administration princière en 1790. Il fut chargé en 1795 de la comptabilité des écuries, et fut chassé sous un mauvais prétexte en 1800, son mariage avec la chanteuse Thérèse Gassmann (1774-1837), fille du compositeur Florian Gassmann (1727-1774) et pupille de Salieri, ayant rendu Nicolas II jaloux. Il tint son journal sans interruption de 1797 à sa mort. On peut y lire à la date du mercredi 20 novembre 1805 : « Aujourd'hui au Theater an der Wien pour la première fois le grand opéra de Beethoven *Fidelio oder eheliche Liebe* [Fidelio ou amour conjugal] en 3 actes, librement adapté du français. [...] Le soir au W. Th.

entendre l'opéra de Louis Beth. [...] L'opéra a de la musique agréable, savante, difficile, un livret ennuyeux et peu intéressant, et n'a pas réussi, en plus la salle était vide. »

Salieri, Antonio (Legnago, près de Venise, 1750-Vienne 1825). Compositeur, il fut remarqué par Florian Gassmann à Venise. Il le suivit en 1766 à Vienne, où pendant plus d'un demi-siècle il mena toute sa carrière. Il y composa rapidement ses premières œuvres lyriques. À la mort de Gassmann (1774), il devint par reconnaissance tuteur de ses deux filles et lui succéda comme compositeur de la cour, prenant en outre la direction de l'Opéra italien. En 1788, il devint maître de chapelle impérial et conserva ce poste jusqu'au 1er mars 1824, date à laquelle il démissionna pour raisons de santé. Il administra de façon exemplaire la chapelle impériale ainsi que ses archives tout en se préoccupant de la condition matérielle des musiciens. En 1778, la Scala de Milan, ville qui appartenait alors à l'Autriche, fut inaugurée avec une œuvre de lui, *L'Europa riconosciuta*. De 1800 à 1802 environ, Beethoven étudia avec lui le style vocal italien, et il en résulta trois œuvres : *No, non turbati* pour soprano et orchestre à cordes WoO 92a (1802, rév. 1814), *Tremate, empi, tremate* pour soprano, ténor, basse et orchestre opus 116 (1802) et *Nei giorni* *tuoi felici* pour soprano, ténor et orchestre WoO 93 (fin 1802). Le dernier succès de Salieri à la scène fut *Falstaff* (vendredi 3 janvier 1799). Rosenbaum était naturellement présent : «[L'œuvre a été] exceptionnellement bien accueillie. Plusieurs morceaux ont été bissés, et un duo joué trois fois de suite. [...] Salieri a dû se montrer deux fois au public, et on a réclamé aussi toute la troupe.» Sur le duo à succès « La stessa, la stessisima », Beethoven s'empressa de composer des variations pour piano (en *si* bémol majeur WoO 73), parues dès mars chez Artaria. Il en alla de même d'autres compositeurs, dont Josepha Auernhammer. Toujours en 1799, Beethoven dédia à Salieri ses trois sonates pour violon et piano opus 12, composées l'année précédente. Cette dédicace et celle des sonates pour piano opus 2 (à Haydn, 1796) sont les seules que Beethoven offrit à un compositeur en activité.

Schenk, Johann (Wiener Neustadt 1753-Vienne 1836). Il étudia avec Georg Christoph Wagenseil (1715-1777), avec lequel, déclara-t-il dans son autobiographie, il travailla le *Clavier bien tempéré* de Bach. Cette autobiographie constitue l'unique source (fortement sujette à caution) pour les rapports de Schenk avec Beethoven. Tous les autres documents faisant état de ces rapports, en partie la biographie de Schindler

(1840), en sont dérivés. Comme compositeur, il obtint surtout le succès dans le genre du singspiel, en particulier avec *Der Dorfbarbier* (Le Barbier de village, 1796).

Schindler, Anton (Meedl, Moravie, 1798-Francfort-sur-le-Main 1864). Violoniste, chef d'orchestre et musicographe, il arriva à Vienne pour y suivre des études de droit. Il prétendit avoir été le confident de Beethoven de 1814 à 1827, mais il ne fut en contacts étroits avec lui (comme secrétaire bénévole) que de 1822 à mai 1824 puis de la fin de 1826 à la mort du compositeur en mars 1827. Il acquit alors – de façon malhonnête ? – plusieurs manuscrits de Beethoven, parmi lesquels environ cent quarante cahiers de conversation qu'il falsifia assez grandement, ajoutant de nombreux passages de son cru pour faire croire qu'il avait appartenu au cercle des familiers de Beethoven bien plus tôt qu'en réalité (la première inscription indiscutablement de sa main est de novembre 1822). Le canon *Ta, ta, ta, lieber Maelzel*, sur le thème du deuxième mouvement de la *Huitième Symphonie*, est un faux fabriqué par Schindler pour donner du poids à ce qu'il avait affirmé à propos du tempo « préconisé » par Beethoven pour ledit mouvement. Sans doute poussé par la publication en 1838 des *Notices biographiques* de Wegeler et de Ries, Schindler – qui avait tenté sans succès de collaborer avec l'un et l'autre – publia en 1840 la première version de sa biographie de Beethoven. Il idéalisa fortement son sujet, ce qui correspondait à l'idée que se faisait du compositeur le siècle romantique. Une nouvelle version présentée comme « troisième édition », en réalité une biographie totalement nouvelle, parut en 1860. Cette biographie n'est pas exempte d'erreurs, en particulier en ce qui concerne l'*Eroica*, et étant donné le comportement de Schindler, beaucoup de ses affirmations doivent être mises en doute si elles ne sont pas corroborées par d'autres sources. Schindler fut directeur musical à Münster (1835), puis à Aix-la-Chapelle (1835-1840), avant de s'installer à Francfort en 1848.

Seyfried, Ignaz Xaver von (Vienne 1776-id. 1841). Compositeur et pédagogue, il étudia avec Mozart, Kozeluch et Albrechtsberger, et fut à partir de 1797 chef d'orchestre au Theater an der Wieden, puis de 1801 à 1828 au Theater an der Wien. Il composa de très nombreux opéras et singspiels, parmi lesquels en 1823 *Der Ochsenmenuett* (Le menuet du bœuf), pasticcio d'après des œuvres de Haydn. Le 5 avril 1803, il tourna les pages pour Beethoven lors de la création du concerto n° 3 en *ut* mineur opus 37. En 1832, il publia un ouvrage sur les études de Beethoven plus tard réfuté par Nottebohm, mais contenant d'intéressants souvenirs.

Silverstolpe, Fredrik Samuel (Stockholm 1769-domaine de Näs, près de Stockholm, 1851). Diplomate et mélomane, né dans une famille noble, fils d'un directeur de banque, il séjourna à Vienne comme chargé d'affaires de Suède de mai 1796 à février 1803, tout au long de l'ultime période créatrice de Haydn et des premières années de Beethoven dans cette ville. Les nombreuses lettres qu'il envoya à sa famille, en particulier à sa mère, contiennent de précieux renseignements sur la vie musicale dans la capitale autrichienne. Il fut ensuite chargé d'affaires de Suède à Saint-Pétersbourg (1805-1807), et de 1813 à 1836 superintendant et président de l'Académie des beaux-arts de Suède.

Stadler, abbé Maximilian (Melk 1748-Vienne 1833). Compositeur et historien de la musique, élève d'Albrechtsberger à Melk, ordonné prêtre en 1772, il vécut à Vienne de 1796 à 1803, puis à partir de 1815. Il joua auprès de la veuve de Mozart un rôle de conseiller musical, cataloguant et classant les manuscrits laissés par l'auteur de *Don Giovanni* (en 1823 il défendit avec succès l'authenticité de son requiem). Il fut aussi en relations étroites avec Haydn, Beethoven et

Schubert. Au plus tard en 1819, il entreprit la rédaction de ses *Materialen zur Geschichte der Musik unter den österreichischen Regenten* (Matériaux pour une histoire de la musique sous les monarques autrichiens). Longtemps considéré comme perdu, le manuscrit de cette première histoire de la musique en Autriche ne fut redécouvert à Vienne qu'en 1969 et publié en 1974. C'est probablement pour lui que Beethoven écrivit, sans doute vers 1820, le canon *Signor Abate* WoO 178.

Steibelt, Daniel (Berlin 1765-Saint-Pétersbourg 1823). Pianiste et compositeur, il mena une vie de virtuose itinérant à Paris, Londres et Vienne (où en 1800 il se mesura au piano avec Beethoven) et de nombreuses villes d'Allemagne. Le 24 décembre 1800, il dirigea devant Bonaparte, qui en se rendant au concert avait failli être victime de l'attentat de la rue Saint-Nicaise, la première parisienne de *La Création* de Haydn. Il arriva à Saint-Pétersbourg en 1808, et y fut nommé en 1810 maître de chapelle impérial.

Streicher, Johann Andreas (Stuttgart 1761-Vienne 1833). Pianiste, compositeur et homme d'affaires, il épousa en 1794 Maria Anna (Nanette) Stein (1769-1833), fille du facteur de pianos Johann Andreas Stein (1728-1792), d'Augsbourg. Le couple s'installa à Vienne, où il se lia d'amitié avec Haydn et Beethoven et se livra à la fabrication de pianos. Beethoven appréciait fort leurs instruments.

Struck, Paul (Stralsund, Poméranie, 1776-Pressburg, actuellement Bratislava, 1820). Sujet suédois, il vécut de 1795 à 1799 à Vienne, où il étudia avec Haydn et Albrechtsberger, de 1799 à 1802 à Stockholm et en Italie, et de janvier 1802 à 1817 de nouveau à Vienne. Lors de son départ de Vienne en 1799, Haydn lui fit cadeau du manuscrit du manuscrit autographe de sa symphonie en *fa* mineur n° 49, dite *La Passion* (1768). Struck le remit en 1807 à l'Académie royale de musique de Suède, où il se trouve toujours. « Tous regrettent de le voir quitter ce berceau de la musique », écrivit Silverstolpe lors de son départ dans une dépêche diplomatique au roi Gustave IV du 2 octobre 1799. Le 18 février 1806, Struck écrivit de Vienne à Stockholm : « L'opéra allemand de Cherubini [*Faniska*] est maintenant terminé, les répétitions ont commencé. [...] Beethoven lui aussi a écrit un opéra allemand, on l'a donné trois fois durant l'occupation de Vienne par les Français, mais plus depuis, on dit qu'il est en train de le réviser entièrement. »

Tonkünstler-Societät. Première institution de concerts publics à Vienne, elle fut fondée en 1771 par Florian Gassmann pour venir en aide aux veuves et aux orphelins de musiciens. Elle donna dorénavant chaque année deux concerts publics consacrés pour l'essentiel à l'oratorio (ce qui jusqu'à la fin des années 1790 voulait dire oratorio italien), l'un à la fin du carême et l'autre juste avant Noël, quand les théâtres étaient fermés. Chacun des deux concerts était en principe répété le lendemain ou le surlendemain. C'est pour elle que Haydn composa *Il Ritorno di Tobia* (1775) et que Mozart confectionna *Davidde penitente* (1785). La Tonkünstler-Societät poursuivit ses activités pendant exactement un siècle, jusqu'en 1871 (à partir de 1862 sous le nom de Haydn Verein) et en donnant surtout, à partir de 1799, *La Création* et *Les Saisons* (oratorios en langue allemande).

Vogler, abbé Georg (Würzburg 1749-Darmstadt 1814). Compositeur, organiste, pédagogue et théoricien, il vécut notamment à Mannheim et en Suède, et voyagea jusqu'en Grèce et en Afrique du Nord. Il compta parmi ses élèves Weber et Meyerbeer. Il séjourna de 1802 à 1805 à Vienne, où il se serait mesuré à Beethoven comme improvisateur, un des auditeurs lui attribuant la palme.

Weigl, Joseph (Eisenstadt 1766-Vienne 1846). Compositeur et chef d'orchestre, filleul de Haydn, fils d'un violoncelliste du même nom membre de l'orchestre Esterházy, il étudia à Vienne avec Salieri. Après en avoir été l'assistant, il succéda en 1791 à ce dernier, dans le cadre des changements introduits par le nouvel empereur Leopold II (1747-1792), à la direction musicale de l'Opéra italien au Burgtheater, mais en voyant ses compétences réduites : elles furent limitées à la mise en répétition et à la direction des œuvres, sans pouvoirs administratifs ni de décision quant à la distribution des rôles. De 1827 à 1838, il fut vice-maître de chapelle impérial. En 1804-1805, il acheva *Vestas Feuer* après l'abandon par Beethoven de cet ouvrage. Beethoven utilisa un thème de lui pour le finale à variations de son trio en *si* bémol majeur pour piano, clarinette (ou violon) et violoncelle opus 11 (publié en 1798).

Witt, Friedrich (Niederstetten, Wurtemberg, 1770-Würzburg 1836). Violoncelliste et compositeur, il fut de 1789 à 1796 environ membre de l'orchestre du prince d'Oettingen-Wallerstein, et de 1802 à sa mort maître de chapelle à Würzburg, d'abord du prince-évêque puis (1814) du théâtre de la ville. Il est le véritable auteur de la symphonie découverte à Iéna en 1909 par le musicologue Fritz Stein et alors attribuée par ce dernier à Beethoven (dont le nom se trouvait sur deux des parties du manuscrit). Le deuxième mouvement de cette symphonie est un véritable plagiat de celui de la symphonie en *sol* majeur n° 81 de Haydn (1783-1784).

Zelter, Carl Friedrich (Berlin 1758-id. 1832). Compositeur, chef d'orchestre et pédagogue, il joua durant plusieurs décennies un rôle de premier plan dans la vie musicale et intellectuelle berlinoise, participant étroitement à la renaissance de Bach. En 1802, il publia dans l'*Allgemeine Musikalische Zeitung* une célèbre critique de *La Création* de Haydn. Son principal élève fut Mendelssohn, et il échangea avec Goethe une correspondance du plus haut intérêt le faisant apparaître comme une sorte de conseiller musical de l'auteur de *Faust*. Il rencontra peut-être Beethoven lors du séjour de ce dernier à Berlin en 1796, et certainement lors de son propre séjour à Vienne en 1819. Ils échangèrent une correspondance au sujet de la *Missa solemnis*.

Zinzendorf, comte Karl von (1739-1813). Né en Saxe dans une famille protestante, mort à Vienne, converti au catholicisme en 1764, il mena une longue carrière administrative au service du gouvernement autrichien. Il voyagea à ce titre à travers l'Europe, fut ensuite gouverneur de

Trieste, et à partir de 1782 vécut pour l'essentiel à Vienne. Il tint pendant presque toute sa vie un important journal, en grande partie encore inédit, et dont l'intérêt réside notamment dans les descriptions qu'on y trouve de la société de Vienne ou d'ailleurs. Pour beaucoup d'événements, ce journal – tenu dans un français souvent approximatif – reste notre seule source d'information, d'autant que Zinzendorf sortait quasiment tous les soirs. Y sont mentionnés fréquemment Mozart et Haydn, alors qu'il n'y est pratiquement jamais question de Beethoven. On cite souvent, pour s'en offusquer, sa remarque du 23 juin 1788 : « Le soir je m'ennuyois beaucoup à l'opéra *Don Giovanni.* » Il ne faut cependant pas oublier que Zinzendorf et d'autres aristocrates considéraient le Burgtheater aussi bien comme un salon que comme une salle de spectacle, et qu'il fut probablement « ennuyé » non par la musique de Mozart, mais par les gens qui l'entouraient, voire par le manque de compagnie En outre, Zinzendorf assista à six des quinze représentations de *Don Giovanni* données à Vienne du 7 mai au 15 décembre 1788. Le 7 mai, il trouva la musique « agréable et très variée ».

Bibliographie

Biba, Otto : *Beethoven und die "Liebhaber Concerte" in Wien im Winter 1807/08* (dans "Beethoven-Kolloquium 1977", Kassel, 1978).

Biba, Otto : *Concert Life in Beethoven's Vienna* (dans "Beethoven, Performers and Critics. The International Beethoven Congress, Detroit 1977", Detroit, 1980).

Cooper, Barry (éd.) : *The Beethoven Compendium. A Guide to Beethoven's Life and Music* (Londres, 1991).

De Nora, Tia : *Beethoven et la construction du génie* (Paris, 1998).

Geck, Martin (et Schleuning, Peter) : *"Geschrieben auf Bonaparte". Beethovens "Eroica" : Revolution, Reaktion, Rezeption* (Hambourg, 1989).

Macek, Jaroslav : *Franz Joseph Maximilian Lobkowitz, Musikfreund und Kunstmäzen* (dans "Beethoven und Böhmen", Bonn, 1988).

Morrow, Mary Sue : *Concert Life in Haydn's Vienna : Aspects of a Developing Musical and Social Institution* (New York, 1989).

Sipe, Thomas : *Beethoven. Eroica Symphony* (Cambridge, 1998).

Solomon, Maynard : Beethoven, traduit de l'anglais par Hans Hildebrand (Paris, 2003).

Vignal, Marc : *Joseph Haydn* (Paris, 1988, rééd. 2001).

Vignal, Marc (trad. et éd.) : *Joseph Haydn. Autobiographie et Premières biographies* (Paris, 1997).

Volek, Tomislav (et Macek, Jaroslav) : *Beethoven und Fürst Lobkowitz* (dans "Beethoven und Böhmen", Bonn, 1988).

Wyn Jones, David : *Beethoven. Pastoral Symphony* (Cambridge, 1995).

Index

Table

ISBN : 978-2-2136-2258-3